JORNADA AO ISLÃ
Um guia passo a passo para abraçar a fé

Sumário

Aviso de direitos autorais

Introdução

A conversão ao islamismo é uma jornada profunda e transformadora que abrange não apenas uma mudança nas crenças religiosas, mas uma reorientação holística da vida de alguém. Este livro, "Jornada ao islã: um guia passo a passo para abraçar a fé", foi criado para guiá-lo por essa jornada com clareza, compaixão e insights abrangentes.

O islamismo, uma das maiores religiões do mundo, oferece uma rica estrutura espiritual e ética que foi adotada por milhões em todo o mundo. Entender a essência do islamismo, suas crenças centrais e suas práticas é o primeiro passo em direção a essa transformação espiritual. Esta introdução fornecerá a você uma visão geral do que o islamismo envolve, a importância da conversão e o impacto que ele pode ter em sua vida.

Este livro tem como objetivo abordar suas perguntas, aliviar suas preocupações e fornecer orientação prática à medida que você explora e, eventualmente, abraça o islamismo. Ele inclui histórias pessoais daqueles que se converteram, oferecendo diversas perspectivas e experiências que refletem a natureza multifacetada desta jornada.

Quer você esteja buscando uma conexão mais profunda com o divino, um senso de comunidade ou respostas para as questões profundas da vida, este guia servirá como um roteiro. Ele ajudará você a navegar pelos estágios de aprendizado sobre o islamismo, preparação para a conversão, integração de práticas islâmicas em sua vida diária e crescimento espiritual dentro da fé.

Embarcar neste caminho requer sinceridade, abertura e disposição para aprender e crescer. Com este livro, você não está sozinho; você faz parte de uma comunidade mais ampla de indivíduos que deram passos semelhantes, e você tem o apoio e os recursos para guiá-lo em cada passo do caminho.

Compreendendo o Islã

O islamismo é uma das principais religiões monoteístas do mundo, com mais de um bilhão de adeptos globalmente. É uma fé enraizada na crença em um Deus (Alá em árabe) e é caracterizada por um estilo de vida abrangente que abrange práticas religiosas e conduta cotidiana. Para entender o islamismo completamente, é preciso se aprofundar em suas principais crenças, práticas, história e no profundo impacto que ele tem na vida de seus seguidores.

No coração do islamismo está a crença na unicidade de Deus, conhecida como Tawhid. Este conceito fundamental afirma que Alá é o único criador, sustentador e governante do universo. Alá é único, sem parceiros ou iguais, e possui todos os atributos perfeitos. Esta crença na unicidade de Deus molda cada aspecto da vida de um muçulmano, promovendo um profundo senso de devoção, humildade e responsabilidade.

A segunda pedra angular da crença islâmica é a aceitação de Maomé como o profeta final e mensageiro de Alá. Os muçulmanos acreditam que, ao longo da história, Alá enviou vários profetas para guiar a humanidade, incluindo Adão, Noé, Abraão, Moisés e Jesus. Maomé, considerado o "Selo dos Profetas", recebeu a revelação final, o Alcorão, há mais de 1.400 anos em Meca e Medina, regiões na atual Arábia Saudita. O Alcorão, considerado a palavra literal de Deus, é central para a fé e prática islâmicas. Ele fornece orientação sobre todos os aspectos da vida, desde questões espirituais até questões sociais e legais.

Os Cinco Pilares do Islã são as práticas centrais que definem a fé e as ações de um muçulmano. Eles são:

1. **Shahada (Declaração de Fé)** : A Shahada é a profissão de fé muçulmana, afirmando: "Não há divindade além de Alá, e Muhammad é Seu Mensageiro". Esta declaração é o ponto de entrada no islamismo e deve ser recitada com crença sincera.

2. **Salah (Oração)** : Os muçulmanos são obrigados a realizar cinco orações diárias em horários específicos: amanhecer (Fajr), meio-dia (Dhuhr), meio da tarde (Asr), pôr do sol (Maghrib) e noite (Isha). Essas orações servem como um elo direto entre o adorador e Alá, promovendo disciplina, crescimento espiritual e um senso de comunidade entre os muçulmanos.

3. **Zakat (Caridade)** : O islamismo enfatiza a justiça social e o cuidado com os menos afortunados. Zakat, uma forma obrigatória de esmola, exige que os muçulmanos doem uma parte de sua riqueza (geralmente 2,5% de suas economias) para os necessitados. Essa prática purifica a riqueza, reduz a desigualdade e promove a solidariedade.

4. **Sawm (Jejum durante o Ramadã)** : Durante o mês islâmico do Ramadã, os muçulmanos jejuam do amanhecer ao pôr do sol. Este jejum inclui abster-se de comida, bebida, fumo e relações conjugais. Sawm ensina autodisciplina, empatia pelos famintos e gratidão pelas bênçãos.

5. **Hajj (Peregrinação a Meca)** : Todo muçulmano que seja física e financeiramente capaz deve realizar a peregrinação a Meca pelo menos uma vez na vida. O Hajj acontece durante o mês islâmico de Dhu al-Hijjah e inclui uma série de rituais destinados a simbolizar a unidade da ummah (comunidade) muçulmana e a submissão a Alá.

Além dessas práticas essenciais, o islamismo abrange um sistema legal e ético abrangente conhecido como Sharia. Derivada do Alcorão e do Hadith (os ditos e ações registrados do Profeta Muhammad), a Sharia fornece diretrizes sobre todos os aspectos da vida, incluindo questões familiares, transações comerciais e justiça criminal. A Sharia visa promover a justiça, a misericórdia e o bem-estar da sociedade, ao mesmo tempo em que garante que os muçulmanos vivam de acordo com a vontade de Alá.

A espiritualidade islâmica está profundamente entrelaçada com essas práticas e crenças. O sufismo, ou misticismo islâmico, representa a dimensão espiritual interna do islamismo. Os sufis buscam uma experiência direta e pessoal de Deus por meio de práticas como dhikr (lembrança de Alá), meditação e ascetismo. Ordens sufis, ou tariqas, geralmente se formam em torno de líderes espirituais que guiam seus seguidores no caminho para a iluminação espiritual e comunhão mais próxima com Alá.

A história do islamismo é rica e complexa, começando com a vida do profeta Maomé no século VII. Após receber sua primeira revelação de Alá por meio do anjo Gabriel, Maomé começou a pregar a mensagem do monoteísmo e da justiça social. Apesar da resistência e perseguição iniciais, o islamismo gradualmente ganhou seguidores e estabeleceu uma comunidade forte em Medina. Após a morte de Maomé, o sistema de califado foi estabelecido para continuar sua liderança, levando à rápida expansão do governo islâmico pelo Oriente Médio, Norte da África e além.

Ao longo da história, a civilização islâmica fez contribuições significativas para vários campos, incluindo ciência, medicina, matemática, filosofia e artes. A Era de Ouro Islâmica, abrangendo aproximadamente os séculos VIII a XIV, viu avanços notáveis e florescimento cultural. Estudiosos como Al-Khwarizmi (o pai da álgebra), Ibn Sina (Avicena, um pioneiro na medicina) e Al-Ghazali (um renomado teólogo e filósofo) fizeram impactos duradouros que ressoaram muito além do mundo muçulmano.

Nos tempos contemporâneos, o islamismo continua a ser uma fé dinâmica e diversa, praticada por pessoas de várias culturas e origens. A comunidade muçulmana global, ou ummah, abrange uma ampla gama de tradições e interpretações. Sunitas e xiitas são os dois principais ramos do islamismo, diferindo em certas perspectivas teológicas e históricas, particularmente em relação à sucessão legítima da liderança após a morte do profeta Muhammad. Apesar dessas diferenças, todos os muçulmanos compartilham um compromisso fundamental com as principais crenças e práticas do islamismo.

Entender o islamismo também envolve reconhecer seus valores de paz, compaixão e justiça social. A palavra "islamismo" em si é derivada da raiz árabe "slm", que significa paz, submissão e segurança. Os muçulmanos se cumprimentam com "As-salamu alaykum", que significa "A paz esteja com você". Essa ênfase na paz e na comunidade é central para os ensinamentos islâmicos, embora, como qualquer religião importante, tenha sido sujeita a várias interpretações e contextos políticos.

Em resumo, o islamismo é uma religião rica e multifacetada que oferece um caminho espiritual profundo e um modo de vida abrangente. Suas crenças centrais na unicidade de Deus e na profecia de Maomé, suas práticas fundamentais incorporadas nos Cinco Pilares e seu extenso sistema legal e ético fornecem uma estrutura robusta para conduta pessoal e comunitária. Entender o islamismo envolve apreciar sua profundidade espiritual, significância histórica e relevância contemporânea, oferecendo insights sobre como milhões de pessoas ao redor do mundo encontram significado, propósito e comunidade por meio de sua fé.

Por que converter?

Decidir se converter ao islamismo é uma escolha significativa e profundamente pessoal que pode ser motivada por vários fatores. Para muitos, representa um profundo despertar espiritual e uma busca por uma conexão mais profunda com o divino. Os princípios fundamentais do islamismo, enfatizando a unicidade de Deus e a profecia de Maomé, ressoam com aqueles que buscam clareza, propósito e uma estrutura moral abrangente.

Uma das razões mais convincentes para a conversão é o apelo do credo monoteísta do islamismo. O conceito de Tawhid, a unidade absoluta de Deus, oferece uma compreensão clara e inequívoca do divino. Essa crença fornece uma sensação de paz e certeza, livre das complexidades e contradições que alguns podem encontrar em outras tradições religiosas. Para muitos, a simplicidade e a pureza do monoteísmo islâmico são profundamente atraentes.

Outra motivação poderosa é o próprio Alcorão. Como o livro sagrado do islamismo, acredita-se que o Alcorão seja a palavra literal de Deus, revelada ao profeta Maomé há mais de 1.400 anos. Seus ensinamentos abrangem todos os aspectos da vida, da conduta pessoal à justiça social. Muitos convertidos são atraídos pela ênfase do Alcorão na compaixão, misericórdia e na importância da justiça e igualdade. A profundidade espiritual e intelectual do Alcorão, combinada com sua beleza poética, frequentemente inspira profunda reflexão e transformação.

A vida e o exemplo do Profeta Muhammad também desempenham um papel crucial na decisão de se converter. Como o último profeta em uma longa linha de mensageiros, a vida de Muhammad é vista como um modelo de piedade, humildade e dedicação a Deus. Seus ensinamentos e ações, meticulosamente registrados no Hadith, fornecem orientação prática para levar uma vida justa e equilibrada. Os convertidos frequentemente encontram em Muhammad uma figura relacionável e inspiradora cuja vida oferece exemplos concretos de vivência dos princípios islâmicos.

Comunidade e pertencimento também são fatores significativos. O islamismo promove um forte senso de ummah, ou fraternidade global, que transcende fronteiras étnicas, culturais e nacionais. Esse senso de comunidade pode ser particularmente atraente em um mundo cada vez mais fragmentado. Muitos convertidos são atraídos pelo calor, hospitalidade e solidariedade que vivenciam nas comunidades muçulmanas. Esse sentimento de pertencimento e apoio mútuo pode fornecer uma forte rede de sustento emocional e espiritual.

A estrutura ética e moral do islamismo é outra grande atração. Os ensinamentos islâmicos oferecem orientação clara sobre questões de moralidade, justiça social e conduta pessoal. Este sistema ético abrangente é baseado nos princípios de justiça, compaixão e responsabilidade, que são articulados por meio da Sharia. Para aqueles que buscam uma abordagem estruturada e baseada em princípios para a vida, o islamismo fornece uma estrutura ética coerente e holística que aborda preocupações pessoais e sociais.

Histórias pessoais de conversão frequentemente destacam momentos de profundas experiências espirituais ou realizações. Elas podem incluir experiências de intervenção divina, sonhos ou uma sensação de paz interior e certeza ao aprender sobre o islamismo. Tais experiências podem ser catalisadores poderosos para a conversão, reforçando o apelo intelectual e emocional da fé.

Além disso, a disciplina e a estrutura fornecidas pelas práticas islâmicas podem ser profundamente atraentes. Os Cinco Pilares do Islã – Shahada (fé), Salah (oração), Zakat (caridade), Sawm (jejum) e Hajj (peregrinação) – oferecem uma estrutura clara e consistente para a adoração e a vida diária. Essas práticas não apenas aumentam o crescimento espiritual, mas também promovem a autodisciplina, o envolvimento comunitário e um senso de propósito elevado.

Para alguns, a decisão de se converter é influenciada por eventos ou relacionamentos significativos da vida. Casar-se com um parceiro muçulmano, por exemplo, pode levar a uma exploração da fé e levar a uma decisão pessoal de se converter. Da mesma forma, vivenciar grandes mudanças ou crises na vida pode inspirar uma busca por significado e estabilidade, que alguns encontram nos ensinamentos do islamismo.

Além disso, o apelo intelectual do islamismo não pode ser subestimado. Muitos convertidos são atraídos pela coerência lógica e profundidade filosófica da teologia islâmica. A religião encoraja o pensamento crítico, a reflexão e a busca pelo conhecimento, o que ressoa com aqueles que valorizam o engajamento intelectual ao lado da devoção espiritual.

No mundo de hoje, onde o materialismo e o consumismo frequentemente dominam, os ensinamentos espirituais e éticos do islamismo fornecem uma alternativa significativa. A ênfase na simplicidade, humildade e gratidão no islamismo oferece um contrapeso às pressões e distrações da vida moderna. Para muitos, converter-se ao islamismo representa um retorno aos valores essenciais e a uma forma de vida mais fundamentada e proposital.

Em última análise, a decisão de se converter ao islamismo é multifacetada, moldada por uma combinação de fatores espirituais, intelectuais, emocionais e sociais. A jornada de cada pessoa é única, refletindo suas experiências, reflexões e aspirações individuais. No entanto, comum a todos os convertidos é o desejo por uma conexão mais profunda com Deus, uma compreensão mais clara do propósito da vida e um senso de pertencimento dentro de uma comunidade global de fé. Converter-se ao islamismo não é apenas adotar um novo conjunto de crenças e práticas; é embarcar em uma jornada transformadora que remodela a identidade, os valores e a visão de mundo de uma pessoa de maneiras profundas e duradouras.

Auto-reflexão

A autorreflexão é um passo inicial crucial para qualquer um que esteja considerando a conversão ao islamismo. Ela envolve um exame profundo e honesto das próprias crenças, valores e motivações. Esse processo não é meramente sobre avaliar doutrinas religiosas, mas também sobre entender aspirações pessoais, experiências de vida e necessidades espirituais.

Comece contemplando suas crenças e práticas espirituais atuais. Quais aspectos de sua fé ou visão de mundo existentes ressoam com você, e quais aspectos você acha que faltam ou são insatisfatórios? A autorreflexão requer reconhecer esses sentimentos abertamente. Há perguntas ou dúvidas específicas com as quais você tem lutado? Identificá-las pode ajudar a esclarecer se o islamismo aborda suas preocupações de forma significativa.

Considere sua jornada espiritual até este ponto. Você já vivenciou momentos de profunda percepção ou transformação que podem estar apontando você para o islamismo? Reflita sobre quaisquer experiências espirituais passadas, práticas religiosas ou revelações pessoais. Essas experiências frequentemente moldam nossos caminhos espirituais e podem fornecer percepções valiosas sobre o porquê de você ser atraído para o islamismo.

Outro aspecto importante da autorreflexão é examinar seus valores pessoais e como eles se alinham com os ensinamentos islâmicos. O islamismo coloca uma forte ênfase em princípios como justiça, compaixão, honestidade e humildade. Reflita sobre como esses valores ressoam com seu próprio senso de moralidade e ética. Você se encontra naturalmente inclinado a esses valores, ou são áreas onde você busca crescimento e alinhamento?

A autorreflexão também envolve avaliar suas motivações para considerar a conversão. Você é atraído pelo islamismo por interesse espiritual genuíno ou há fatores externos influenciando sua decisão, como relacionamentos, pressões sociais ou tendências culturais? Entender suas verdadeiras motivações ajuda a garantir que sua decisão seja baseada em convicção sincera, em vez de razões transitórias ou superficiais.

Considere como as crenças e práticas centrais do islamismo se alinham com seus objetivos pessoais e estilo de vida. Por exemplo, como você se sente sobre os conceitos de monoteísmo, a finalidade da profecia e as práticas de oração diária, jejum e caridade? Reflita se esses elementos são compatíveis com seu estilo de vida atual e se você está pronto para integrá-los à sua vida diária.

Reflita sobre as mudanças potenciais que a conversão pode trazer para sua vida. Isso inclui mudanças em suas rotinas diárias, interações sociais e possivelmente até mesmo na dinâmica familiar. Você está preparado para essas mudanças? Você está pronto para abraçar uma nova comunidade e possivelmente enfrentar desafios ou oposição daqueles ao seu redor? A autorreflexão envolve se preparar mental e emocionalmente para essas mudanças.

Também é valioso considerar os aspectos emocionais da conversão. Como você se sente sobre a ideia de se juntar a uma nova comunidade de fé? Você está animado, ansioso ou apreensivo? Esses sentimentos são naturais e importantes para reconhecer enquanto você pondera sua decisão. Entender suas respostas emocionais pode ajudá-lo a abordar o processo com maior clareza e prontidão.

Engajar-se em autorreflexão também pode envolver buscar orientação de pessoas confiáveis que o conhecem bem. Elas podem oferecer perspectivas e insights que você talvez não tenha considerado por conta própria. Conversas com amigos, familiares ou mentores espirituais podem fornecer suporte adicional e ajudá-lo a explorar seus pensamentos mais profundamente.

Por fim, a autorreflexão deve ser um processo contínuo. É importante revisitar periodicamente seus pensamentos e sentimentos à medida que você continua aprendendo sobre o islamismo. Essa reflexão contínua ajuda a garantir que sua decisão permaneça alinhada com sua compreensão e experiências em evolução.

Em resumo, a autorreflexão é um passo fundamental no processo de conversão. Envolve um exame completo de suas crenças, valores, motivações e prontidão para a mudança. Ao se envolver em uma autorreflexão honesta e ponderada, você pode obter uma compreensão mais clara de suas necessidades espirituais e se o islamismo oferece um caminho que realmente ressoa com sua jornada pessoal. Este processo não apenas ajuda a tomar uma decisão informada, mas também o prepara para um abraço significativo e comprometido da fé.

Pesquisa e Aprendizagem

Pesquisa e aprendizado são passos essenciais na jornada rumo à conversão ao islamismo. Esta fase envolve uma exploração profunda e completa da fé, seus ensinamentos e suas práticas para garantir que sua decisão seja bem informada e genuína. O processo de compreensão do islamismo é multifacetado, abrangendo dimensões teológicas, históricas, práticas e culturais.

Para começar, é crucial se familiarizar com os textos fundamentais do islamismo. O Alcorão é o principal livro sagrado do islamismo, acreditado ser a palavra literal de Deus, conforme revelada ao profeta Muhammad. É importante abordar o Alcorão com uma mente aberta e analítica, lendo traduções se você não fala árabe e consultando várias interpretações para obter uma compreensão abrangente. Estudar o Alcorão envolve não apenas ler seus versículos, mas também refletir sobre seus significados e como eles se aplicam à vida diária.

Junto com o Alcorão, o Hadith, que são os ditos e ações do Profeta Muhammad, fornece insights essenciais sobre os aspectos práticos de viver uma vida islâmica. A literatura do Hadith é vasta e, embora algumas coleções sejam mais confiáveis, é benéfico explorar diferentes fontes para obter uma perspectiva ampla. Envolver-se com o Hadith ajuda a entender o contexto em que o Alcorão foi revelado e como os ensinamentos do islamismo foram aplicados historicamente.

Outro aspecto importante da pesquisa é entender a vida do Profeta Muhammad, o mensageiro final do Islã. Sua biografia, conhecida como Sira, oferece lições valiosas e contexto para os ensinamentos encontrados no Alcorão e no Hadith. Ao aprender sobre sua vida, lutas e caráter, você pode obter uma apreciação mais profunda dos princípios e valores do Islã. Várias biografias e relatos históricos estão disponíveis, detalhando sua vida e o desenvolvimento inicial da comunidade islâmica.

Também é benéfico explorar o desenvolvimento histórico do islamismo. Entender como a fé se espalhou, sua interação com diferentes culturas e seu papel na formação de civilizações pode fornecer uma perspectiva mais rica sobre suas práticas e ensinamentos. A história do islamismo inclui sua expansão por várias regiões, o desenvolvimento da jurisprudência islâmica e as contribuições de estudiosos muçulmanos para vários campos, como ciência, filosofia e artes. Este contexto histórico ajuda a apreciar o impacto global do islamismo e suas diversas expressões.

Além de estudar os textos e a história, envolver-se com o pensamento islâmico contemporâneo é crucial. O islamismo, como todas as principais religiões, é praticado e interpretado de diversas maneiras ao redor do mundo. Ler estudiosos e pensadores islâmicos contemporâneos pode fornecer insights sobre como o islamismo é compreendido e vivido hoje. Isso inclui explorar diferentes escolas de pensamento dentro do islamismo, como as tradições sunita e xiita, e entender suas interpretações de questões-chave.

Participar de palestras, seminários e aulas sobre o islamismo também pode ser altamente benéfico. Muitas mesquitas e centros islâmicos oferecem programas educacionais para aqueles interessados em aprender sobre a fé. Esses programas geralmente incluem discussões sobre teologia islâmica, lei e espiritualidade, bem como conselhos práticos sobre como integrar práticas islâmicas na vida diária. Engajar-se nessas oportunidades educacionais pode fornecer interação direta com indivíduos experientes e promover uma compreensão mais profunda da fé.

Conversar com muçulmanos e visitar mesquitas são passos práticos que podem melhorar muito sua experiência de aprendizado. Interações pessoais com muçulmanos podem fornecer insights em primeira mão sobre a fé e suas práticas. Essas conversas podem ajudar a esclarecer perguntas, abordar preocupações e oferecer uma noção do aspecto comunitário do islamismo. Visitas a mesquitas permitem que você observe práticas de adoração, participe de eventos comunitários e experimente o ambiente social e espiritual de uma comunidade muçulmana.

Ao pesquisar sobre o islamismo, é importante abordar as fontes criticamente. Há uma riqueza de informações disponíveis on-line e impressas, mas nem todas as fontes são igualmente confiáveis ou objetivas. É aconselhável consultar acadêmicos, instituições e livros respeitáveis que sejam bem conceituados dentro da comunidade muçulmana. Evite fontes que possam apresentar uma visão tendenciosa ou incompleta do islamismo, pois elas podem distorcer sua compreensão.

Engajar-se em auto estudo e reflexão também é uma parte crucial desta fase. Conforme você lê e aprende, reserve um tempo para refletir sobre como os ensinamentos do islamismo se alinham com suas próprias crenças e valores. Considere como os princípios do islamismo podem impactar sua vida, tanto espiritual quanto praticamente. Este processo reflexivo ajuda a integrar novos conhecimentos e avaliar como eles ressoam com sua jornada pessoal.

Entender as práticas islâmicas é outro aspecto importante da sua pesquisa. Familiarize-se com os rituais diários, como as cinco orações diárias, o jejum durante o Ramadã e a doação de zakat (caridade). Aprender sobre essas práticas e seu significado fornece uma perspectiva prática sobre como os ensinamentos islâmicos são aplicados na vida diária. Observar ou participar dessas práticas, se possível, também pode oferecer uma apreciação mais profunda de seu papel na fé muçulmana.

Além das práticas religiosas, é importante entender as dimensões sociais e culturais do islamismo. Diferentes culturas interpretam e praticam o islamismo de várias maneiras, e entender esses contextos culturais pode enriquecer sua compreensão da fé. Aprender sobre ética islâmica, princípios de justiça social e o papel da comunidade pode fornecer uma visão holística de como o islamismo influencia o comportamento pessoal e social.

À medida que você progride em sua pesquisa e aprendizado, mantenha um diário ou registro de seus pensamentos e perguntas. Documentar suas reflexões, insights e quaisquer incertezas pode ajudá-lo a rastrear sua jornada e esclarecer seu entendimento. Este registro também pode servir como um recurso valioso à medida que você continua a explorar e se envolver com a fé.

Em resumo, o processo de pesquisar e aprender sobre o islamismo é uma jornada abrangente e contínua. Envolve estudar o Alcorão e o Hadith, explorar a vida do Profeta Muhammad, entender a história islâmica e o pensamento contemporâneo e se envolver com a comunidade muçulmana. Essa exploração aprofundada ajuda a garantir que sua decisão de se converter seja informada e sincera, alinhando-se com suas crenças e valores pessoais. Ao abordar esse processo com abertura e diligência, você estabelece a base para uma aceitação significativa e comprometida do islamismo.

Encontro com muçulmanos

Conhecer muçulmanos e se envolver com a comunidade muçulmana é um passo fundamental para qualquer um que esteja considerando se converter ao islamismo. Essa interação fornece insights valiosos sobre as experiências vividas pelos muçulmanos, ajuda a dissipar equívocos e oferece suporte enquanto você navega em sua jornada em direção à adoção da fé.

Comece visitando mesquitas locais. Mesquitas não são apenas locais de culto, mas também centros comunitários onde os muçulmanos se reúnem para orações, programas educacionais e eventos sociais. Ao visitar uma mesquita, observe os rituais de oração e o senso de comunidade que permeia o ambiente. Muitas mesquitas oferecem dias abertos ou programas de boas-vindas especificamente para não muçulmanos e aqueles interessados em aprender sobre o islamismo. Esses eventos oferecem uma ótima oportunidade para fazer perguntas, aprender sobre práticas islâmicas e conhecer muçulmanos em um ambiente acolhedor.

Interaja com o imã ou líder religioso da mesquita. Os imãs têm conhecimento sobre os ensinamentos e práticas islâmicos e podem fornecer orientação sobre questões teológicas e práticas. Eles também podem conectá-lo a recursos, grupos de estudo e outros membros da comunidade que podem apoiá-lo em seu processo de aprendizado. Construir um relacionamento com um imã pode ser particularmente benéfico, pois eles podem abordar suas perguntas e preocupações específicas com profundidade e clareza.

Participe de eventos e atividades comunitárias organizadas pela mesquita ou centros islâmicos. Esses eventos variam de celebrações religiosas como o Eid a workshops educacionais, campanhas de caridade e encontros sociais. Participar desses eventos permite que você experimente o aspecto comunitário do islamismo e veja como os muçulmanos praticam sua fé na vida cotidiana. Também oferece oportunidades de conhecer pessoas de diversas origens e ouvir suas histórias e experiências pessoais.

Considere participar de um grupo de estudos ou fazer aulas oferecidas pela mesquita ou organizações islâmicas locais. Muitas comunidades têm programas para aqueles interessados em aprender sobre o islamismo, incluindo cursos sobre o Alcorão, Hadith, história islâmica e árabe. Essas aulas não apenas aumentam seu conhecimento, mas também permitem que você se conecte com outras pessoas em uma jornada semelhante. Os grupos de estudo geralmente promovem um senso de camaradagem e fornecem um ambiente de apoio para discutir e explorar a fé.

Envolver-se com amigos, colegas ou conhecidos muçulmanos também pode ser uma parte valiosa desse processo. Se você conhece muçulmanos pessoalmente, entre em contato com eles e expresse seu interesse em aprender mais sobre sua fé. Muitos muçulmanos ficam felizes em compartilhar suas experiências, responder perguntas e oferecer apoio. As interações pessoais podem fornecer uma compreensão mais sutil e íntima de como o islamismo influencia a vida diária e os valores pessoais.

Comunidades online e mídias sociais também podem desempenhar um papel no encontro com muçulmanos e no aprendizado sobre o islamismo. Muitos muçulmanos são ativos nas mídias sociais, compartilhando suas experiências, percepções e conhecimento. Participar de fóruns online, seguir influenciadores muçulmanos e participar de discussões virtuais pode fornecer perspectivas e recursos adicionais. No entanto, é importante abordar as informações online de forma crítica e buscar fontes confiáveis e indivíduos bem informados.

Ao conhecer muçulmanos, aborde essas interações com respeito, abertura e um desejo genuíno de aprender. Esteja atento às sensibilidades e etiquetas culturais. Por exemplo, vestir-se modestamente ao visitar uma mesquita e mostrar respeito durante os momentos de oração são gestos apreciados. Ouvir ativamente e mostrar apreço pelos insights compartilhados por outros pode ajudar a construir conexões positivas e significativas.

Ao se envolver com a comunidade muçulmana, você pode encontrar diversas interpretações e práticas dentro do islamismo. Sunita e xiita são os dois ramos principais, cada um com suas próprias tradições e escolas de pensamento. Entender essas diferenças pode fornecer uma visão mais abrangente do islamismo e ajudá-lo a apreciar sua rica diversidade. Faça perguntas e procure entender as razões por trás de diferentes práticas e crenças, promovendo uma perspectiva respeitosa e informada.

Conhecer muçulmanos também oferece uma oportunidade de aprender sobre os desafios e alegrias de praticar o islamismo na sociedade contemporânea. Muitos muçulmanos enfrentam mal-entendidos e estereótipos, e ouvir suas experiências pode oferecer insights valiosos sobre as realidades de viver como muçulmano hoje. Esse entendimento pode aprofundar sua empatia e prepará-lo para potenciais desafios que você pode enfrentar após a conversão.

Considere ser voluntário ou participar de atividades de caridade organizadas pela comunidade muçulmana. O islamismo coloca uma forte ênfase na caridade e na justiça social, e se envolver nessas atividades pode fornecer uma compreensão prática desses valores. Também permite que você contribua positivamente para a comunidade e construa relacionamentos por meio de serviço compartilhado.

Reflita sobre suas experiências ao conhecer muçulmanos e se envolver com a comunidade. Tome nota do que ressoa com você, das perguntas que surgem e dos insights que você ganha. Essas reflexões podem ajudar a esclarecer sua compreensão e sentimentos sobre a conversão ao islamismo. Elas também fornecem uma base para exploração e aprendizado posteriores.

Conhecer muçulmanos e integrar-se à comunidade é um processo contínuo que se estende além das interações iniciais. À medida que você continua a aprender e a crescer em sua compreensão do islamismo, esses relacionamentos desempenharão um papel crucial em sua jornada espiritual. Eles oferecem apoio, amizade e um senso de pertencimento que é essencial para uma prática plena e comprometida da fé.

Em resumo, conhecer muçulmanos e se envolver com a comunidade é um passo vital no processo de conversão ao islamismo. Ele fornece insights em primeira mão sobre a fé, oferece suporte e orientação e promove um senso de pertencimento. Ao participar de atividades de mesquita, comparecer a eventos comunitários, ingressar em grupos de estudo e construir relacionamentos pessoais, você pode aprofundar sua compreensão do islamismo e se preparar para uma conversão significativa e informada. Esse envolvimento não apenas enriquece seu conhecimento, mas também ajuda você a se integrar à comunidade muçulmana, tornando sua jornada espiritual mais holística e apoiada.

Compreendendo o Alcorão

O Alcorão, considerado pelos muçulmanos como a palavra literal de Deus, revelada ao Profeta Muhammad ao longo de 23 anos, é o texto mais significativo do islamismo. Ele serve como a fonte máxima de orientação para todos os aspectos da vida, abrangendo teologia, moralidade, lei e espiritualidade. Para aqueles que consideram a conversão ao islamismo, entender o Alcorão é um passo crucial para compreender a essência da fé. Essa jornada envolve não apenas ler e interpretar o texto, mas também apreciar suas dimensões históricas, linguísticas e espirituais.

O Alcorão é composto de 114 capítulos, conhecidos como suras, que variam em tamanho e cobrem uma variedade de tópicos. Cada sura é dividida em versos chamados ayahs. O texto é escrito em árabe clássico, e sua linguagem é considerada pelos muçulmanos como inigualável em sua beleza e eloquência. Para falantes não árabes, inúmeras traduções estão disponíveis, e é benéfico consultar várias traduções para capturar as nuances da língua original. No entanto, os muçulmanos acreditam que a verdadeira essência do Alcorão só pode ser totalmente apreciada em árabe, tornando o aprendizado da língua um esforço valioso para uma compreensão mais profunda.

O processo de compreensão do Alcorão começa com a familiarização com sua estrutura e temas. O Alcorão aborda conceitos teológicos fundamentais, como a unicidade de Deus (Tawhid), o propósito da criação e a vida após a morte. Ele também fornece orientação sobre conduta pessoal, justiça social, relações familiares e comportamento ético. Ler o Alcorão com consciência desses temas ajuda a contextualizar seus versículos e a entender sua relevância para vários aspectos da vida.

Um aspecto significativo da compreensão do Alcorão é reconhecer seu contexto histórico e cultural. As revelações ocorreram na Arábia do século VII, e muitos versículos respondem a eventos ou questões específicas enfrentadas pela comunidade muçulmana primitiva. Conhecer o contexto em que versículos específicos foram revelados pode fornecer insights mais profundos sobre seus significados e aplicações. Essa perspectiva histórica é frequentemente elaborada na ciência de Asbab al-Nuzul (as razões para a revelação), que explica as circunstâncias que cercam a revelação de versículos específicos.

Engajar-se com Tafsir, a exegese ou comentário sobre o Alcorão, é essencial para uma compreensão abrangente. Estudiosos clássicos e contemporâneos escreveram extensas obras de Tafsir que explicam os significados, implicações e contextos dos versos do Alcorão. Estudiosos renomados de Tafsir, como Ibn Kathir, Al-Tabari e Al-Qurtubi, oferecem explicações detalhadas que ajudam a esclarecer versos e temas complexos. Trabalhos modernos de Tafsir, como os de Sayyid Qutb e Maulana Maududi, fornecem interpretações contemporâneas que abordam questões atuais. Estudar Tafsir permite um envolvimento mais profundo e informado com o texto.

Outro aspecto importante para entender o Alcorão são suas características linguísticas e literárias. O Alcorão é conhecido por seu estilo único, dispositivos retóricos e qualidades poéticas. Ele emprega várias técnicas literárias, incluindo metáforas, símiles e parábolas, para transmitir suas mensagens de forma eficaz. Apreciar esses elementos literários aumenta a compreensão do leitor sobre a profundidade e a beleza do texto. Os estudiosos frequentemente analisam a linguagem do Alcorão para descobrir camadas de significado e apreciar seu poder artístico e expressivo.

Leitura reflexiva e contemplação, conhecidas como Tadabbur, são centrais para entender o Alcorão. Os muçulmanos são encorajados a ponderar os significados dos versos e como eles se aplicam às suas vidas. Essa abordagem reflexiva envolve não apenas engajamento intelectual, mas também uma conexão espiritual e emocional com o texto. Ao contemplar os versos, os leitores podem obter insights pessoais e desenvolver um relacionamento mais profundo com os ensinamentos do Alcorão.

O Alcorão também enfatiza a importância de buscar conhecimento e entendimento. Ele encoraja os crentes a refletirem sobre o mundo natural, a história humana e suas próprias experiências como sinais da presença e orientação de Deus. Essa abordagem holística ao aprendizado envolve integrar o estudo do Alcorão com buscas intelectuais e espirituais mais amplas. Envolver-se em discussões com indivíduos experientes, participar de círculos de estudo e participar de aulas corânicas pode enriquecer ainda mais o entendimento de alguém.

Entender o Alcorão também envolve reconhecer sua orientação ética e moral. O Alcorão fornece uma estrutura abrangente para conduta pessoal e social, enfatizando valores como justiça, compaixão, honestidade e humildade. Refletir sobre esses ensinamentos éticos e se esforçar para incorporá-los na vida diária é um aspecto crucial do envolvimento com o Alcorão. Ele ajuda a transformar o conhecimento teórico em ação prática, alinhando o comportamento de alguém com os princípios da fé.

A dimensão espiritual do Alcorão é outro elemento crítico a ser explorado. O Alcorão não é apenas um livro de leis e orientação, mas também uma fonte de nutrição espiritual e inspiração. Ele aborda a vida interior do crente, oferecendo conforto, encorajamento e sabedoria. Recitar e ouvir o Alcorão, especialmente em seu árabe original, acredita-se que tenha um profundo impacto espiritual. Muitos muçulmanos encontram consolo e força na recitação rítmica e melodiosa do Alcorão, conhecida como Tilawah.

Por fim, entender o Alcorão é uma jornada para a vida toda. O texto é rico em significados e insights que podem ser descobertos por meio de estudo, reflexão e prática contínuos. À medida que o conhecimento e a experiência de alguém crescem, também cresce a profundidade da compreensão e apreciação pelo Alcorão. Esse envolvimento contínuo promove um relacionamento dinâmico e evolutivo com o texto, permitindo que seus ensinamentos inspirem e guiem continuamente.

Em resumo, entender o Alcorão envolve uma abordagem multifacetada que inclui estudar seu texto, contexto e interpretação, apreciar suas qualidades linguísticas e literárias, se envolver em leitura reflexiva e contemplativa e integrar seus ensinamentos éticos e espirituais à vida diária. Esse envolvimento abrangente não apenas fornece uma visão mais profunda da fé, mas também nutre uma conexão profunda com a mensagem divina que o Alcorão incorpora. Ao se comprometer com esse processo, os indivíduos podem abraçar totalmente a sabedoria e a orientação do Alcorão enquanto viajam em direção à adoção do islamismo.

A vida do profeta Muhammad

O profeta Muhammad, o profeta final do islamismo, é uma figura central cuja vida e ensinamentos moldaram profundamente a fé. Sua história de vida, ou Sirah, não é apenas um relato histórico, mas uma fonte de inspiração e orientação para muçulmanos ao redor do mundo. Entender a vida de Muhammad fornece insights essenciais sobre os fundamentos do islamismo e seus princípios éticos e morais.

Muhammad nasceu em 570 d.C. na cidade de Meca, na atual Arábia Saudita. Ele pertencia à tribo Quraysh, uma tribo respeitada e influente em Meca. Seu pai, Abdullah, morreu antes de ele nascer, e sua mãe, Amina, faleceu quando ele tinha seis anos. Órfão ainda jovem, Muhammad foi criado por seu avô, Abdul Muttalib, e mais tarde por seu tio, Abu Talib. Essas primeiras experiências de perda e dificuldades moldaram profundamente seu caráter, incutindo nele qualidades de empatia, resiliência e humildade.

Quando jovem, Muhammad ganhou uma reputação por sua honestidade e integridade, ganhando o apelido de "Al-Amin", que significa "o confiável". Ele trabalhou como comerciante e foi empregado por Khadija, uma viúva rica. Impressionada por seu caráter e perspicácia empresarial, Khadijah propôs casamento a Muhammad, e eles se casaram quando ele tinha 25 anos e ela, 40. O casamento deles foi uma parceria feliz e solidária, e Khadijah continuou sendo um apoio crucial para Muhammad durante todo o seu início de profecia.

A vida de Muhammad deu uma guinada crucial aos 40 anos, quando ele começou a receber revelações divinas. Enquanto meditava na caverna de Hira no Monte Noor, ele foi visitado pelo anjo Gabriel, que lhe transmitiu os primeiros versos do Alcorão. Este evento marcou o início de sua missão como profeta. Inicialmente, as revelações perturbaram profundamente Muhammad, mas Khadijah o confortou e o tranquilizou sobre seu caráter nobre e propósito divino.

Nos primeiros anos, a mensagem de Maomé sobre monoteísmo e justiça social foi espalhada discretamente entre familiares e amigos próximos. Seus primeiros seguidores, incluindo Khadijah, seu primo Ali e seu amigo próximo Abu Bakr, formaram o núcleo da comunidade muçulmana nascente. No entanto, à medida que sua mensagem se tornou mais pública, ela enfrentou forte oposição dos líderes coraixitas que a viam como uma ameaça ao seu poder social e econômico, que estava intimamente ligado às práticas politeístas de Meca.

Apesar da hostilidade, Muhammad persistiu em sua missão, pregando a unicidade de Deus (Tawhid), a importância da integridade moral e a necessidade de justiça social. Seus ensinamentos desafiaram as injustiças e desigualdades da sociedade de Meca, incluindo os maus-tratos às mulheres, aos pobres e aos escravos. Esta mensagem ressoou em muitos, levando a um número crescente de convertidos de vários estratos sociais.

A crescente perseguição aos muçulmanos em Meca eventualmente levou à migração, ou Hijra, para a cidade de Yathrib (mais tarde conhecida como Medina) em 622 EC. Essa migração marca o início do calendário islâmico. Em Medina, Muhammad estabeleceu uma nova comunidade baseada em princípios islâmicos. Ele se tornou não apenas um líder espiritual, mas também um líder político e social, mediando conflitos e unindo as diversas tribos da região.

Em Medina, a comunidade muçulmana cresceu rapidamente. A liderança de Muhammad e as revelações que ele recebeu lançaram as bases para a lei e governança islâmicas. A Constituição de Medina, elaborada sob sua orientação, foi um documento pioneiro que estabeleceu uma sociedade pluralista onde muçulmanos, judeus e outras comunidades poderiam coexistir pacificamente sob uma estrutura legal comum.

A vida de Maomé em Medina foi marcada por vários eventos significativos, incluindo batalhas com os Quraysh e outras tribos. A Batalha de Badr em 624 EC foi uma vitória crucial para os muçulmanos, demonstrando sua resiliência e apoio divino. No entanto, batalhas subsequentes, como a Batalha de Uhud e a Batalha da Trincheira, testaram a força e a unidade da comunidade. Por meio desses desafios, a liderança e a perspicácia estratégica de Maomé eram evidentes, pois ele navegava por vias militares e diplomáticas para garantir a sobrevivência e o crescimento da comunidade muçulmana.

O Tratado de Hudaybiyya em 628 EC foi um ponto de virada, pois permitiu uma trégua de dez anos entre os muçulmanos e os coraixitas. Este tratado proporcionou um período de paz durante o qual o islamismo se espalhou significativamente pela Península Arábica. Dois anos depois, em 630 EC, Maomé e seus seguidores conquistaram Meca pacificamente, marcando uma vitória importante. Ao entrar na cidade, Maomé perdoou seus antigos perseguidores e purificou a Caaba removendo seus ídolos, restabelecendo-a como o centro da adoração monoteísta.

Os últimos anos da vida de Muhammad foram dedicados à consolidação da comunidade muçulmana e à disseminação da mensagem do islamismo. Sua Peregrinação de Despedida em 632 EC foi um evento significativo em que ele proferiu seu Sermão de Despedida, encapsulando os princípios centrais do islamismo. Ele enfatizou a igualdade, a justiça e a importância de seguir o Alcorão e sua Sunnah (práticas e ditos) como fontes de orientação.

Muhammad faleceu em 632 EC em Medina. Sua morte marcou o fim da profecia no islamismo, mas seu legado continuou por meio de seus ensinamentos e da comunidade que ele estabeleceu. O Alcorão e o Hadith continuam sendo as principais fontes de orientação para os muçulmanos, enquanto seu caráter exemplar e liderança continuam a inspirar.

Entender a vida do Profeta Muhammad é crucial para compreender os fundamentos do Islã. Suas experiências, desafios e triunfos fornecem contexto para as revelações do Alcorão e o desenvolvimento dos princípios islâmicos. A vida de Muhammad exemplifica os valores de compaixão, justiça e firmeza, servindo como um modelo atemporal para os muçulmanos em todo o mundo. Ao estudar sua vida, ganha-se uma apreciação mais profunda do profundo impacto que ele teve na formação de uma religião que continua a guiar milhões de pessoas hoje.

Práticas e rituais islâmicos

As práticas e rituais islâmicos formam o cerne da vida diária de um muçulmano, fornecendo estrutura e uma conexão direta com Deus. Essas práticas não são apenas atos de adoração, mas são integrais à vida espiritual e ética de um muçulmano, promovendo disciplina, comunidade e uma lembrança constante de Deus. Entender essas práticas é essencial para qualquer um que esteja considerando a conversão ao islamismo, pois elas são fundamentais para viver a fé.

Uma das práticas mais fundamentais no islamismo é a declaração de fé, conhecida como Shahada. A Shahada é o testemunho de que não há deus senão Alá, e Muhammad é Seu mensageiro. Esta declaração é o primeiro pilar do islamismo e significa a entrada na fé muçulmana. É uma declaração simples, mas profunda, que encapsula a essência da crença islâmica e serve como um lembrete constante do compromisso de um muçulmano com Deus.

O segundo pilar do islamismo é o Salah, as cinco orações diárias. Essas orações são realizadas em horários específicos ao longo do dia: ao amanhecer (Fajr), meio-dia (Dhuhr), meio da tarde (Asr), pôr do sol (Maghrib) e noite (Isha). O Salah é um elo direto entre o adorador e Deus, oferecendo momentos de reflexão, gratidão e súplica. Cada oração envolve posturas físicas específicas, incluindo ficar de pé, curvar-se e prostrar-se, que simbolizam a submissão a Deus. A regularidade do Salah instila disciplina e estrutura, garantindo que os muçulmanos mantenham um foco espiritual ao longo do dia.

Zakat, o terceiro pilar do islamismo, é a prática de doação de caridade. Ele exige que os muçulmanos doem uma porção fixa de sua riqueza, geralmente 2,5% de suas economias, para aqueles em necessidade. Zakat não é meramente um ato de caridade, mas uma obrigação que purifica a riqueza e promove a justiça social. Ele garante a redistribuição de recursos dentro da comunidade, aliviando a pobreza e apoiando aqueles que são menos afortunados. Ao cumprir esse dever, os muçulmanos reconhecem que sua riqueza é uma confiança de Deus e que eles são responsáveis por ajudar os outros.

O quarto pilar é Sawm, o jejum durante o mês do Ramadã. O Ramadã é o nono mês do calendário lunar islâmico e é considerado o mês mais sagrado. Durante o Ramadã, os muçulmanos jejuam do amanhecer até o pôr do sol, abstendo-se de comida, bebida e outras necessidades físicas. O jejum é quebrado todas as noites com uma refeição chamada Iftar. Sawm é um momento para reflexão espiritual, aumento da devoção e comunidade. Ele ensina autodisciplina, empatia pelos famintos e gratidão pelas provisões de Deus. A refeição antes do amanhecer, Suhoor, e o Iftar noturno são frequentemente eventos comunitários, promovendo um senso de unidade e apoio entre os muçulmanos.

O quinto pilar do islamismo é o Hajj, a peregrinação a Meca. O Hajj é uma obrigação para todos os muçulmanos que são física e financeiramente capazes de realizá-lo pelo menos uma vez na vida. Ele ocorre anualmente durante o mês islâmico de Dhu al-Hijjah. A peregrinação envolve uma série de rituais realizados ao longo de vários dias, incluindo o Tawaf (circundar a Caaba), Sa'i (caminhar entre as colinas de Safa e Marwah) e ficar nas planícies de Arafat em súplica. O Hajj é uma jornada espiritual profunda que simboliza a unidade dos muçulmanos em todo o mundo e sua submissão a Deus. Ele comemora as ações do profeta Abraão e sua família, enfatizando temas de sacrifício, humildade e devoção.

Além desses cinco pilares, há outras práticas e rituais importantes no islamismo. Uma dessas práticas é a recitação e o estudo do Alcorão, o livro sagrado do islamismo. Os muçulmanos acreditam que o Alcorão é a palavra literal de Deus, revelada ao profeta Muhammad ao longo de 23 anos. Recitar o Alcorão é considerado uma forma de adoração, e entender seus ensinamentos é essencial para viver uma vida islâmica. Muitos muçulmanos se esforçam para ler o Alcorão diariamente e refletir sobre seus significados, muitas vezes memorizando partes dele ou o texto inteiro.

Outra prática fundamental é a observância de Jumu'ah, a oração congregacional de sexta-feira. Jumu'ah é realizada toda sexta-feira ao meio-dia e é uma oração comunitária que inclui um sermão (khutbah) proferido pelo imã. É um momento para os muçulmanos se reunirem, orarem juntos e ouvirem orientação religiosa. Participar de Jumu'ah é obrigatório para os homens muçulmanos, enquanto as mulheres são encorajadas a participar, mas podem orar em casa se escolherem. Esta reunião semanal fortalece os laços comunitários e reforça a adoração coletiva.

As práticas islâmicas também abrangem leis alimentares, como a proibição de consumir carne de porco e álcool. Halal, que significa permissível, define o que os muçulmanos podem comer e beber, e essas leis alimentares são observadas como atos de obediência a Deus. A prática de comer halal se estende além da comida para incluir o tratamento ético e humano dos animais.

Higiene pessoal e pureza também são enfatizadas no islamismo. Os muçulmanos realizam ablução (wudu) antes das orações, que envolve lavar as mãos, o rosto e os pés. Essa purificação ritual simboliza a limpeza espiritual e a prontidão para estar diante de Deus. Há também diretrizes para limpeza pessoal, como a exigência de lavar-se após usar o banheiro e a ênfase em manter um ambiente de vida limpo.

Os rituais islâmicos geralmente marcam eventos significativos da vida, como nascimento, casamento e morte. O nascimento de uma criança é celebrado com o Aqiqah, uma cerimônia de nomeação que inclui o sacrifício de um animal e a distribuição de sua carne aos pobres. O casamento é um contrato sagrado no islamismo, e a cerimônia de casamento (Nikah) inclui a recitação de versos do Alcorão e a troca de votos. Os ritos funerários no islamismo incluem a lavagem e a mortalha do corpo, a realização de uma oração fúnebre especial (Salat al-Janazah) e o enterro. Esses rituais enfatizam a santidade da vida e a importância do apoio da comunidade durante momentos significativos.

Em resumo, as práticas e rituais islâmicos são centrais para a vida de um muçulmano, fornecendo uma estrutura para adoração, conduta ética e envolvimento comunitário. Os cinco pilares — Shahada, Salah, Zakat, Sawm e Hajj — formam a base da prática islâmica, guiando os muçulmanos em suas vidas diárias e jornada espiritual. Práticas adicionais, como recitar o Alcorão, participar de Jumu'ah, observar leis alimentares e manter a higiene pessoal, enriquecem ainda mais a fé de um muçulmano e a adesão aos princípios islâmicos. Entender e abraçar essas práticas é essencial para qualquer um que esteja considerando a conversão ao islamismo, pois elas incorporam os valores e compromissos essenciais da fé.

Shahada - Declaração de Fé

A Shahada, ou Declaração de Fé, é o primeiro e mais fundamental pilar do Islã. É uma declaração simples, mas profunda, que significa a entrada de uma pessoa na fé islâmica e encapsula as crenças centrais do Islã. A Shahada afirma: "Ashhadu alla ilaha illa Allah, wa Ashhadu anna Muhammadur rasul Allah", que se traduz em "Eu testemunho que não há deus senão Alá, e eu testemunho que Muhammad é o mensageiro de Alá".

A Shahada não é apenas uma afirmação verbal, mas um compromisso profundo e pessoal com os princípios do Islã. É a declaração da unicidade de Deus (Tawhid) e a aceitação de Muhammad como Seu profeta final. Este testemunho ressalta a essência monoteísta do Islã e a crença na natureza única e incomparável de Deus, que é o único criador e sustentador do universo.

A primeira parte da Shahada, "Não há deus senão Alá", afirma o monoteísmo absoluto que é central para a teologia islâmica. Ela afirma que Deus é um, sem parceiros ou iguais, e rejeita qualquer forma de politeísmo ou idolatria. Esta declaração não apenas reconhece a soberania de Deus, mas também implica submissão completa à Sua vontade. Ao reconhecer Alá como a única divindade, um muçulmano se compromete a adorá-Lo exclusivamente e seguir Sua orientação conforme revelada no Alcorão e através dos ensinamentos do Profeta Muhammad.

A segunda parte da Shahada, "Muhammad é o mensageiro de Alá", afirma a crença em Muhammad como o profeta final em uma longa linha de mensageiros enviados por Deus para guiar a humanidade. Esse reconhecimento inclui aceitar o Alcorão como a fonte final de orientação divina e seguir a Sunnah, que compreende os ditos, ações e aprovações do Profeta Muhammad. Ao declarar Muhammad como mensageiro de Deus, um muçulmano se compromete a seguir seu exemplo e ensinamentos em todos os aspectos da vida.

A Shahada é a pedra angular da fé e prática de um muçulmano. É o primeiro passo para se tornar um muçulmano e é recitado com sinceridade e convicção. Para aqueles que se convertem ao islamismo, a recitação pública da Shahada na presença de testemunhas significa sua aceitação oficial na comunidade muçulmana. Este ato é uma profunda transformação espiritual, marcando o início de uma nova vida guiada pelos princípios islâmicos.

Além de sua declaração inicial, a Shahada é recitada regularmente em orações diárias (Salah) e outros atos de adoração. Ela serve como um lembrete constante das crenças centrais de um muçulmano e seu compromisso com Deus e Seu profeta. A Shahada também desempenha um papel significativo no chamado muçulmano à oração (Adhan), que é anunciado nas mesquitas cinco vezes ao dia, convidando os fiéis à oração e reforçando os princípios centrais do islamismo.

A Shahada não é apenas uma declaração verbal, mas também um chamado à ação. Ela exige que os muçulmanos vivam suas vidas de acordo com os ensinamentos islâmicos, esforçando-se para defender os valores de justiça, compaixão e integridade. Ela encoraja a busca pelo conhecimento, a realização de boas ações e a evitação do pecado. A declaração de fé, portanto, se torna um princípio orientador que molda os pensamentos, ações e interações de um muçulmano com os outros.

Além de seu significado teológico, a Shahada tem profundas implicações espirituais e sociais. Ela une muçulmanos em todo o mundo em uma crença compartilhada e um senso de irmandade. Independentemente de diferenças culturais, linguísticas ou geográficas, a Shahada cria um vínculo entre todos os muçulmanos, fomentando uma comunidade global de fé. Esse senso de unidade e solidariedade é um aspecto poderoso da identidade islâmica.

A Shahada também reflete a natureza inclusiva do islamismo. É um chamado universal que convida todas as pessoas a reconhecer a unicidade de Deus e a profecia de Muhammad. O islamismo ensina que todos os profetas, incluindo Adão, Noé, Abraão, Moisés e Jesus, transmitiram a mesma mensagem essencial de monoteísmo e submissão a Deus. A Shahada, portanto, é vista como uma continuação e culminância dessa mensagem divina, chamando as pessoas a abraçar a revelação final trazida por Muhammad.

Para os muçulmanos, a Shahada é uma fonte de paz interior e força. Ela fornece clareza e propósito, ancorando suas vidas na adoração a Deus e no seguimento de Sua orientação. A recitação e reflexão contínuas sobre a Shahada reforçam a fé de um muçulmano e os inspiram a viver uma vida de piedade e retidão.

Em resumo, a Shahada é a declaração fundamental da fé islâmica, afirmando a unicidade de Deus e a profecia de Maomé. É uma declaração simples, mas profunda, que significa a entrada de uma pessoa no islamismo e serve como um lembrete constante das crenças centrais de um muçulmano. Além de seu significado teológico, a Shahada tem profundas implicações espirituais e sociais, unindo muçulmanos em todo o mundo em um compromisso compartilhado com Deus e Seu mensageiro. É um princípio orientador que molda a vida de um muçulmano, inspirando-o a viver de acordo com os ensinamentos islâmicos e promovendo um senso de comunidade e fraternidade globais.

Purificação e Oração (Salah)

Purificação e oração (Salah) são componentes essenciais da vida espiritual de um muçulmano, formando o segundo pilar do islamismo. Essas práticas servem para estabelecer uma conexão direta e pessoal com Deus, fornecer estrutura e disciplina à vida diária e reforçar os princípios centrais da fé islâmica.

Purificação, ou Tahara, é um pré-requisito para Salah e é de suma importância no Islã. Ela abrange tanto a limpeza física quanto a pureza espiritual. A purificação física envolve práticas como Wudu (ablução), Ghusl (lavagem ritual de corpo inteiro) e Tayammum (ablução a seco), enquanto a purificação espiritual diz respeito à limpeza do coração de pecados e características prejudiciais.

Wudu é a forma mais comum de purificação e é realizada antes de cada uma das cinco orações diárias. Envolve lavar as mãos, boca, nariz, rosto, braços, cabeça e pés em uma sequência específica. Este ato de lavar não apenas garante a limpeza física, mas também serve como uma purificação simbólica da alma, preparando o adorador para ficar diante de Deus em um estado de pureza. Wudu é uma prática consciente que faz a transição de uma pessoa do mundano para o sagrado, ajudando-a a se concentrar em sua oração e intenção.

Ghusl, ou a purificação de corpo inteiro, é necessária em circunstâncias específicas, como após relações conjugais, menstruação ou parto. Envolve lavar o corpo inteiro de forma completa. Ghusl também é recomendado antes da oração de sexta-feira (Jumu'ah), as duas orações do Eid e antes de entrar no estado de Ihram para Hajj ou Umrah. Essa lavagem abrangente significa uma purificação e renovação completas, garantindo que o adorador se aproxime desses atos significativos de adoração em um estado de limpeza total.

Em situações em que a água não está disponível ou seu uso é prejudicial, Tayammum, ou ablução seca, é realizada usando terra limpa ou areia. O adorador bate as mãos na terra limpa e, em seguida, limpa o rosto e as mãos. Tayammum ressalta a flexibilidade e a ênfase do islamismo em manter a pureza, garantindo que a obrigação da oração ainda possa ser cumprida, apesar das circunstâncias desafiadoras.

Salah, a oração ritual islâmica, é realizada cinco vezes ao dia em horários prescritos: Fajr (amanhecer), Dhuhr (meio-dia), Asr (meio da tarde), Maghrib (pôr do sol) e Isha (noite). Essas orações são obrigatórias para todo muçulmano adulto e são realizadas de frente para a Caaba em Meca. A regularidade do Salah estrutura o dia de um muçulmano, servindo como um lembrete constante da presença de Deus e da importância de manter uma conexão espiritual durante as atividades diárias.

Cada Salah consiste em uma série de posturas físicas e recitações, começando com o Takbir (dizer "Allahu Akbar", que significa "Deus é o Maior") e incluindo ficar de pé, curvar-se, prostrar-se e sentar-se. A oração começa com a intenção (Niyyah) no coração, afirmando que a oração está sendo realizada somente por Deus. As ações físicas do Salah são acompanhadas por recitações específicas do Alcorão e súplicas, criando uma mistura harmoniosa de corpo e espírito na adoração.

O capítulo de abertura do Alcorão, Al-Fatiha, é recitado em cada unidade da oração, conhecida como Rak'ah. Este capítulo é uma súplica profunda por orientação, misericórdia e sustento, refletindo a dependência do adorador em Deus. Versículos ou capítulos adicionais do Alcorão são recitados, variando com cada oração e enriquecendo a experiência espiritual. As posturas de reverência (Ruku) e prostração (Sujood) expressam humildade e submissão a Deus, simbolizando o reconhecimento do adorador da grandeza de Deus e de sua própria servidão.

Salah é mais do que um mero ritual; é um ato de devoção que promove atenção plena, disciplina e um profundo senso de espiritualidade. Os horários prescritos para Salah garantem que os muçulmanos regularmente se desliguem das preocupações mundanas para se concentrarem em seu relacionamento com Deus. Esse envolvimento regular na oração instila um senso de paz e equilíbrio, ajudando a controlar o estresse e a ansiedade ao aterrar os indivíduos em sua fé.

O aspecto comunitário do Salah, particularmente o Jumu'ah (oração de sexta-feira), também é significativo. Os muçulmanos são encorajados a orar em congregação, especialmente em mesquitas, onde o senso de comunidade e fraternidade é fortalecido. A oração de sexta-feira inclui um sermão (Khutbah) proferido pelo imã, oferecendo orientação espiritual e prática. Esta reunião promove a unidade, fornece uma oportunidade para reflexão comunitária e reforça os valores e ensinamentos compartilhados do Islã.

Para os muçulmanos, a disciplina do Salah se estende além dos horários de oração, influenciando seu comportamento e mentalidade ao longo do dia. Os princípios de pontualidade, humildade e atenção plena cultivados por meio do Salah são levados para todos os aspectos da vida. A prática do Salah também promove igualdade e solidariedade, pois muçulmanos de todas as origens ficam ombro a ombro em oração, enfatizando a irmandade universal no islamismo.

Além das orações obrigatórias, há também orações voluntárias (Nafl) e orações Sunnah que têm grande mérito espiritual. Essas orações adicionais fornecem uma oportunidade para os muçulmanos buscarem proximidade com Deus, expressar gratidão e pedir perdão e orientação. Elas são realizadas em vários momentos do dia e da noite, oferecendo flexibilidade e enriquecendo ainda mais a rotina espiritual.

Em resumo, a purificação e a oração (Salah) são centrais para a vida de um muçulmano, fornecendo uma estrutura para adoração, crescimento espiritual e conduta ética. A purificação, por meio de práticas como Wudu, Ghusl e Tayammum, garante prontidão física e espiritual para a oração. Salah, realizada cinco vezes ao dia, é um ato disciplinado de devoção que promove uma conexão profunda com Deus, instila atenção plena e traz equilíbrio à vida diária. Os aspectos comunitários e individuais de Salah enfatizam os valores de unidade, igualdade e desenvolvimento espiritual contínuo, tornando-a uma pedra angular da fé islâmica.

Jejum (dez)

O jejum, conhecido como Sawm em árabe, é o quarto pilar do islamismo e tem imenso significado espiritual, físico e social para os muçulmanos. É observado principalmente durante o mês sagrado do Ramadã, o nono mês do calendário lunar islâmico, e é considerado um dos atos mais profundos de adoração e devoção. O jejum durante o Ramadã envolve abster-se de comida, bebida, fumo e relações conjugais do amanhecer (Fajr) até o pôr do sol (Maghrib). No entanto, Sawm não se limita à abstenção física; também abrange um foco maior no crescimento espiritual, autodisciplina, empatia e comunidade.

A observância de Sawm durante o Ramadã comemora a primeira revelação do Alcorão ao Profeta Muhammad pelo anjo Gabriel. Esta revelação, que começou durante o mês do Ramadã, marca um tempo de imensa reflexão espiritual e renovação para os muçulmanos. O jejum é visto como uma forma de purificar a alma, cultivar o autocontrole e promover uma conexão mais profunda com Deus.

O jejum diário começa com uma refeição antes do amanhecer chamada Suhoor. Os muçulmanos acordam cedo para comer e se hidratar antes da oração do Fajr. O Suhoor é considerado uma refeição abençoada, pois ajuda a sustentar o indivíduo ao longo do dia e é recomendado pelo Profeta Muhammad. É um momento de definição de intenções, onde os muçulmanos fazem o Niyyah (intenção) de jejuar pelo bem de Deus, que é um componente crucial do Sawm. O jejum é então quebrado ao pôr do sol com a refeição Iftar, que tradicionalmente começa com a ingestão de tâmaras e a ingestão de água, seguindo a prática do Profeta. O Iftar é frequentemente um evento comunitário, reunindo famílias e comunidades para compartilhar as bênçãos de quebrar o jejum.

O jejum durante o Ramadã não é meramente um ato de abster-se de necessidades físicas; é uma prática abrangente que inclui purificação espiritual e retidão moral. Os muçulmanos são encorajados a aumentar seus atos de adoração, como realizar orações adicionais (Taraweeh), recitar e refletir sobre o Alcorão, se envolver em Dhikr (lembrança de Deus) e fazer Dua (súplicas). Esses atos promovem um relacionamento mais próximo com Deus e ajudam a reforçar os objetivos espirituais do Ramadã.

Sawm também enfatiza o comportamento moral e o desenvolvimento do caráter. Os muçulmanos são incentivados a evitar comportamentos negativos, como mentir, fofocar e discutir. O jejum serve como um lembrete para praticar paciência, humildade e compaixão, cultivando virtudes que se estendem além do Ramadã. Ao exercer contenção e focar em ações positivas, os muçulmanos visam purificar seus corações e mentes, alinhando seu comportamento com os valores islâmicos.

Um dos aspectos mais profundos do jejum é o desenvolvimento da empatia e da solidariedade com aqueles que são menos afortunados. Experimentar a fome e a sede em primeira mão permite que os muçulmanos entendam melhor a situação dos pobres e famintos. Essa empatia geralmente se traduz em aumento de atividades de caridade durante o Ramadã. Os muçulmanos são encorajados a doar generosamente, especialmente por meio do ato de Zakat al-Fitr, uma forma de esmola especificamente associada ao fim do Ramadã. Essa caridade garante que os necessitados também possam celebrar o fim festivo do período de jejum, o Eid al-Fitr, com alegria e dignidade.

O jejum também tem benefícios sociais e comunitários significativos. O Ramadã promove um forte senso de comunidade, pois os muçulmanos se reúnem para refeições de Suhoor e Iftar, realizam orações de Taraweeh juntos e participam de eventos comunitários. Essa observância coletiva fortalece os laços dentro da comunidade muçulmana e reforça os valores de unidade e fraternidade. A experiência compartilhada de jejum e adoração cria um profundo senso de pertencimento e apoio mútuo.

Embora o jejum durante o Ramadã seja obrigatório para todos os muçulmanos adultos, há exceções para aqueles que não conseguem jejuar devido a doença, gravidez, amamentação, menstruação, viagem ou velhice. O islamismo fornece flexibilidade e compaixão nesses casos, permitindo que os indivíduos compensem os jejuns perdidos mais tarde ou, se não puderem fazê-lo, forneçam fidya (uma forma de compensação) alimentando os pobres. Isso garante que os aspectos espirituais e comunitários do Ramadã sejam inclusivos e acessíveis a todos.

Além do Ramadã, o jejum também é praticado em outros dias significativos do calendário islâmico e como atos voluntários de adoração. Por exemplo, o jejum no dia de Arafah, o nono dia do mês islâmico de Dhu al-Hijjah, é altamente recomendado para não peregrinos e acredita-se que expia os pecados do ano anterior e do ano seguinte. Além disso, o Profeta Muhammad encorajou o jejum nas segundas e quintas-feiras e nos dias 13, 14 e 15 de cada mês lunar, conhecidos como Dias Brancos. Esses jejuns voluntários fornecem mais oportunidades para crescimento espiritual e disciplina.

Os benefícios do jejum para a saúde também foram reconhecidos. Muitos estudos sugerem que o jejum pode melhorar a saúde metabólica, aumentar a clareza mental e promover a desintoxicação. A prática incentiva a alimentação consciente e promove uma maior apreciação pelo sustento e nutrição. No entanto, a principal motivação para o jejum no islamismo é espiritual e ética, e não física.

Em resumo, o jejum (Sawm) é uma prática multifacetada que abrange abstinência física, crescimento espiritual e melhoria moral. Observado principalmente durante o mês do Ramadã, ele comemora a revelação do Alcorão e serve como um momento para os muçulmanos purificarem suas almas, praticarem autodisciplina e promoverem empatia pelos menos afortunados. Os aspectos comunitários e sociais do Sawm fortalecem os laços dentro da comunidade muçulmana, enquanto o ato de jejuar em si promove virtudes que se estendem além do período de jejum. Seja durante o Ramadã ou em outros dias significativos, o Sawm é uma expressão profunda de devoção, compaixão e unidade na fé islâmica.

Caridade (Zakat)

Caridade, ou Zakat, é o terceiro pilar do islamismo e representa um aspecto fundamental da fé e prática de um muçulmano. É um ato obrigatório de doação que tem como objetivo purificar a riqueza e apoiar os necessitados. Zakat não é meramente um ato de generosidade; é uma obrigação ordenada por Deus para garantir a distribuição justa da riqueza e promover um senso de justiça social e solidariedade dentro da comunidade muçulmana.

O termo "Zakat" significa "purificação" e "crescimento", refletindo seu duplo propósito de purificar a riqueza de impurezas e promover o crescimento espiritual e social. Ao dar uma parte de sua riqueza para os necessitados, os muçulmanos cumprem seu dever para com Deus e ajudam a aliviar a pobreza e a desigualdade. A prática do Zakat está enraizada no Alcorão e nos ensinamentos do Profeta Muhammad, que enfatizou a importância da doação de caridade como um meio de alcançar a retidão e manter o equilíbrio social.

A obrigação do Zakat é baseada no princípio de que toda riqueza pertence a Deus, e os humanos são meramente administradores dela. Como tal, os muçulmanos são obrigados a dar uma porcentagem fixa de sua riqueza para aqueles em necessidade. A taxa padrão para o Zakat é de 2,5% das economias e investimentos acumulados que foram mantidos por pelo menos um ano lunar. Essa porcentagem se aplica a várias formas de riqueza, incluindo dinheiro, ouro, prata, ações e outros ativos.

As categorias de beneficiários elegíveis para o Zakat são descritas no Alcorão e incluem:

1. **Os Pobres (Fuqara)** : Indivíduos que não têm necessidades básicas e vivem abaixo da linha da pobreza. Eles precisam de assistência financeira para atender às suas necessidades diárias.
2. **Os Necessitados (Massakeen)** : Aqueles que podem não ser destituídos, mas ainda lutam para sobreviver. Eles precisam de

apoio para melhorar sua situação econômica.

3. **Colecionadores de Zakat (Amil)** : Indivíduos nomeados para coletar e distribuir Zakat. Eles têm direito a uma parte dos fundos de Zakat por seus esforços na gestão deste processo de caridade.

4. **Aqueles cujos corações devem ser reconciliados** : novos muçulmanos ou aqueles inclinados ao islamismo que podem precisar de apoio financeiro para fortalecer sua fé e comprometimento.

5. **Aqueles em Dívida (Gharimeen)** : Indivíduos que estão sobrecarregados por dívidas e não conseguem pagá-las. O Zakat pode ser usado para ajudá-los a liquidar suas dívidas e recuperar a estabilidade financeira.

6. **No Caminho de Deus (Fi Sabeelillah)** : Esta categoria inclui financiamento para várias formas de trabalho de caridade e atividades religiosas que beneficiam a comunidade e promovem causas islâmicas.

7. **O Viajante (Ibn as-Sabeel)** : Indivíduos que estão presos ou viajando e precisam de assistência financeira para continuar sua jornada ou retornar para casa.

O processo de dar Zakat envolve calcular o valor devido e distribuí-lo aos destinatários elegíveis. Os muçulmanos são encorajados a dar Zakat com sinceridade e senso de responsabilidade, garantindo que ele chegue àqueles que realmente precisam. Também é recomendado dar Zakat o mais cedo possível, particularmente durante o mês sagrado do Ramadã, quando o ato de dar traz recompensas espirituais adicionais.

Além do Zakat, há outra forma de caridade voluntária no islamismo conhecida como Sadaqah. Ao contrário do Zakat, o Sadaqah não é obrigatório e pode ser dado a qualquer momento e em qualquer quantia. Ele abrange uma ampla gama de atos de caridade, incluindo doações monetárias, ajudar os outros e fornecer suporte aos necessitados. O Sadaqah permite que os muçulmanos vão além dos requisitos obrigatórios do Zakat e se envolvam em atos de gentileza e generosidade em suas vidas diárias.

A prática de Zakat e Sadaqah serve a vários propósitos importantes no Islã. Primeiro, atua como um meio de purificar a riqueza e reconhecer que, em última análise, é uma bênção de Deus. Ao doar uma parte de sua riqueza, os muçulmanos expressam gratidão e mantêm a humildade. Segundo, o Zakat promove a justiça social ao redistribuir a riqueza e abordar as disparidades econômicas. Ajuda a garantir que os recursos sejam compartilhados de forma mais equitativa e que as necessidades dos menos afortunados sejam atendidas.

Além disso, o Zakat promove um senso de comunidade e solidariedade entre os muçulmanos. O ato coletivo de doar fortalece os laços entre os indivíduos e reforça os valores de compaixão e apoio mútuo. Também ajuda a construir um senso de responsabilidade compartilhada pelo bem-estar dos outros e encoraja os muçulmanos a contribuírem positivamente para suas comunidades.

A administração e distribuição do Zakat podem ser gerenciadas individualmente ou por meio de organizações de caridade organizadas. Muitos muçulmanos escolhem dar o Zakat por meio de instituições de caridade estabelecidas que garantem que os fundos sejam distribuídos de forma eficiente e eficaz para os necessitados. Essas organizações geralmente fornecem transparência e responsabilidade, garantindo que os fundos do Zakat sejam usados adequadamente e cheguem aos destinatários pretendidos.

Em resumo, o Zakat é um pilar vital do islamismo que incorpora os princípios de caridade, purificação e justiça social. Ele exige que os muçulmanos doem uma porcentagem fixa de sua riqueza para os necessitados, garantindo a distribuição justa de recursos e fomentando um senso de comunidade e solidariedade. Junto com o Zakat, a caridade voluntária (Sadaqah) enriquece ainda mais a prática de doação e destaca a importância da compaixão e da generosidade na vida cotidiana. Juntas, essas práticas desempenham um papel crucial na manutenção dos valores éticos e espirituais do islamismo e na promoção de uma sociedade mais justa e equitativa.

Peregrinação (Hajj)

O Hajj é o quinto pilar do islamismo e representa um dos atos mais profundos de adoração e devoção na vida de um muçulmano. É uma peregrinação a Meca, a cidade mais sagrada do islamismo, e é realizada anualmente durante o mês islâmico de Dhu al-Hijjah. O Hajj é um dever religioso obrigatório para todo muçulmano adulto que seja física e financeiramente capaz de realizá-lo pelo menos uma vez na vida. A peregrinação tem profundo significado espiritual e serve como um ponto culminante da fé e prática islâmicas.

Os rituais do Hajj estão profundamente enraizados nas tradições do Profeta Abraão (Ibrahim) e sua família. A peregrinação comemora as ações de Abraão, sua esposa Hagar (Hajar) e seu filho Ismael (Isma'il). Simboliza a fé duradoura e a submissão a Deus demonstradas por esta família essencial. Os ritos do Hajj incluem vários rituais-chave que devem ser realizados em sequência e local específicos, cada um carregando ricos significados históricos e espirituais.

A peregrinação começa com a fase de preparação, conhecida como Ihram. Os peregrinos entram em um estado de Ihram vestindo vestimentas especiais — brancas, simples e sem costura para homens, e roupas modestas para mulheres. Ihram significa pureza e igualdade, pois todos os peregrinos parecem iguais, deixando de lado as distinções mundanas e focando somente em sua devoção a Deus. Os peregrinos fazem uma declaração verbal (Talbiyah) afirmando sua intenção de realizar o Hajj e buscar a misericórdia de Deus.

O primeiro grande ritual do Hajj é o Tawaf, o ato de circundar a Caaba, a estrutura sagrada em forma de cubo preto no centro da Masjid al-Haram em Meca. Os peregrinos andam ao redor da Caaba sete vezes no sentido anti-horário, simbolizando a unidade e a centralidade de Deus na fé muçulmana. O Tawaf é realizado na chegada a Meca e novamente no final da peregrinação, reforçando a conexão do peregrino com o santuário sagrado.

Após o Tawaf, os peregrinos realizam o Sa'i, que envolve caminhar sete vezes entre as colinas de Safa e Marwah. Este ritual comemora a busca desesperada de Hagar por água para seu filho Ismael, refletindo sua fé e perseverança. O ato de Sa'i enfatiza a importância da confiança em Deus e as bênçãos que surgem da firmeza em tempos de provação.

No oitavo dia de Dhu al-Hijjah, os peregrinos viajam para Mina, uma pequena cidade perto de Meca, e passam a noite em uma grande cidade de tendas. Este dia é conhecido como Yawm al-Tarwiyah, ou o Dia da Intenção. No dia seguinte, os peregrinos seguem para a planície de Arafat, onde permanecem em súplica e reflexão sinceras do meio-dia até o pôr do sol. Esta reunião em Arafat é o ápice do Hajj e simboliza o Dia do Julgamento. O ato de permanecer em Arafat (Wuquf) é um momento de profunda reflexão espiritual, oração e busca pelo perdão de Deus.

Após o pôr do sol no Dia de Arafat, os peregrinos vão para Muzdalifah, onde coletam pedras para o ritual de Rami al-Jamarat. Muzdalifah também é um momento para oração comunitária e reflexão sob o céu aberto. A noite passada em Muzdalifah reforça o senso de igualdade e unidade entre os peregrinos.

No décimo dia de Dhu al-Hijjah, conhecido como Eid al-Adha, os peregrinos realizam o ritual de Rami al-Jamarat, ou o Apedrejamento do Diabo. Isso envolve atirar sete pedras em três pilares de pedra, simbolizando a rejeição do mal e da tentação. Depois disso, os peregrinos realizam o sacrifício ritual de um animal (geralmente uma ovelha, cabra, vaca ou camelo) em comemoração à disposição de Abraão de sacrificar seu filho em obediência a Deus. A carne do sacrifício é distribuída entre a família, amigos e necessitados, refletindo os valores de generosidade e caridade.

Após o sacrifício ritual, os peregrinos realizam o Tawaf al-Ifadah, uma segunda circumambulação da Caaba, que significa a conclusão essencial da peregrinação. Após isso, os peregrinos podem raspar suas cabeças (para homens) ou cortar uma pequena porção de seus cabelos (para mulheres) como um sinal de humildade e renovação. Este ato, conhecido como Tahallul, simboliza o abandono de apegos mundanos e o retorno do peregrino a um estado de pureza.

Os dias restantes do Hajj envolvem a realização de rituais adicionais, incluindo outra rodada de Tawaf, conhecida como Tawaf al-Wada, que é realizada antes de deixar Meca. Os peregrinos também retornam a Mina para realizar apedrejamento adicional dos pilares nos próximos dias, completando o ciclo ritual.

O Hajj conclui com o retorno a Meca para um Tawaf final e a celebração do Eid al-Adha. Toda a peregrinação serve como uma profunda expressão de fé, submissão e unidade entre os muçulmanos em todo o mundo. Ela oferece uma oportunidade única para renovação espiritual, reflexão pessoal e aprofundamento do relacionamento com Deus.

Além de seu significado espiritual, o Hajj promove um senso de unidade muçulmana global. Peregrinos de diversas origens culturais, étnicas e nacionais se reúnem, refletindo a universalidade da mensagem islâmica e a igualdade de todos os crentes diante de Deus. Essa experiência compartilhada reforça o conceito de Ummah, a comunidade muçulmana global, e destaca os laços comuns que unem os muçulmanos em todo o mundo.

Em resumo, o Hajj é um pilar central do islamismo que abrange uma série de rituais profundamente significativos realizados em Meca. A peregrinação simboliza fé, submissão e unidade e fornece uma oportunidade para renovação espiritual e reflexão. Por meio de seus ritos — Ihram, Tawaf, Sa'i, ficar em Arafat, apedrejar os pilares e o sacrifício ritual — o Hajj comemora o legado do profeta Abraão e sua família, ao mesmo tempo em que reforça os valores essenciais do islamismo. A peregrinação serve como uma poderosa expressão de devoção, igualdade e solidariedade muçulmana global, tornando-a uma experiência profunda e transformadora para aqueles que a realizam.

Leis Dietéticas

As leis alimentares no islamismo, conhecidas como Halal e Haram, são aspectos essenciais da vida diária de um muçulmano, orientando o que é permitido e proibido consumir. Essas leis estão enraizadas no Alcorão e no Hadith (ditos e práticas do profeta Muhammad) e visam garantir que os muçulmanos consumam alimentos e bebidas que sejam puros, saudáveis e propícios ao bem-estar físico e espiritual.

O termo "Halal" significa "permitido" ou "lícito", e se refere a qualquer coisa que seja permitida pela lei islâmica. Por outro lado, "Haram" significa "proibido" ou "proibido". Essas leis alimentares abrangem não apenas os tipos de alimentos e bebidas que os muçulmanos podem consumir, mas também a maneira como os alimentos são preparados e processados.

Um dos aspectos mais fundamentais das leis alimentares islâmicas é a proibição de certos alimentos e bebidas. A mais conhecida dessas proibições é o consumo de carne de porco e seus subprodutos. O Alcorão proíbe explicitamente a carne de porco, considerando-a impura. Essa proibição se estende a todas as formas de carne de porco, incluindo bacon, presunto e banha.

Outra proibição significativa é o consumo de álcool e intoxicantes. O Alcorão afirma claramente que intoxicantes são prejudiciais e devem ser evitados, pois prejudicam o julgamento e impedem a capacidade de uma pessoa de cumprir seus deveres religiosos. Isso inclui não apenas bebidas alcoólicas, mas também qualquer substância que cause intoxicação.

Além dessas proibições específicas, o método de abate de animais para consumo também é estritamente regulamentado. Para que a carne seja considerada Halal, ela deve vir de um animal permitido, e o abate deve ser realizado de acordo com a lei islâmica, um processo conhecido como Dhabihah. O animal deve estar saudável e tratado humanamente antes do abate. A pessoa que realiza o abate deve ser muçulmana, e deve invocar o nome de Deus (dizendo "Bismillah, Allahu Akbar") antes de fazer uma incisão rápida e profunda na garganta, cortando a traqueia, as veias jugulares e as artérias carótidas. Este método garante que a morte do animal seja rápida e minimize o sofrimento, e permite que o sangue seja drenado do corpo, o que também é um requisito, pois o consumo de sangue é proibido.

Além desses princípios fundamentais, há várias outras diretrizes que os muçulmanos seguem em relação à sua dieta. Por exemplo, qualquer alimento ou bebida que contenha ingredientes derivados de fontes Haram também é considerado Haram. Isso inclui aditivos, aromatizantes e corantes derivados de fontes não-Halal. Portanto, os muçulmanos devem estar atentos à leitura dos rótulos dos ingredientes e garantir que os produtos que consomem sejam certificados como Halal.

O conceito de Tayyib, que significa "puro" ou "saudável", também é um aspecto importante das leis alimentares islâmicas. Os muçulmanos são encorajados a consumir alimentos que não sejam apenas Halal, mas também nutritivos e benéficos para sua saúde. Este princípio enfatiza a importância de uma dieta equilibrada e saudável, incluindo frutas, vegetais, grãos e outros alimentos naturais que fornecem nutrientes essenciais.

Durante o mês sagrado do Ramadã, os muçulmanos jejuam do amanhecer até o pôr do sol, abstendo-se de toda comida e bebida durante o dia. A refeição antes do amanhecer (Suhoor) e a refeição para quebrar o jejum (Iftar) são aspectos significativos da experiência do jejum. Ambas as refeições são ocasiões para reunião comunitária e reflexão. O jejum é tradicionalmente quebrado com tâmaras e água, seguido por uma refeição nutritiva. O jejum durante o Ramadã reforça os princípios de autodisciplina, empatia pelos menos afortunados e gratidão pelas provisões de Deus.

Além dessas leis alimentares básicas, também há várias práticas e tradições culturais relacionadas à comida que diferem entre as comunidades muçulmanas em todo o mundo. Embora os princípios fundamentais de Halal e Haram permaneçam consistentes, os alimentos específicos e os costumes culinários podem variar muito, refletindo a diversidade dentro da Ummah (comunidade) muçulmana. Essas práticas culturais são frequentemente influenciadas por ingredientes regionais, métodos de cozimento e interações históricas com outras culturas.

Além disso, a moderna indústria global de alimentos apresenta novos desafios e oportunidades para a adesão às leis alimentares Halal. A disponibilidade de produtos certificados Halal aumentou significativamente, tornando mais fácil para os muçulmanos encontrarem alimentos permitidos em várias partes do mundo. As agências de certificação Halal desempenham um papel crucial na verificação de que os produtos atendem aos padrões alimentares islâmicos, fornecendo garantia aos consumidores. No entanto, os muçulmanos ainda devem permanecer vigilantes sobre garantir que os alimentos que consomem aderem aos padrões Halal, principalmente ao jantar fora ou comprar alimentos processados.

Em resumo, as leis alimentares islâmicas são diretrizes abrangentes que governam o que os muçulmanos podem e não podem consumir, garantindo que sua dieta esteja alinhada com sua fé. Essas leis enfatizam a importância de consumir alimentos Halal e Tayyib, evitando itens proibidos como carne de porco e álcool e aderindo a práticas éticas e humanas na preparação de alimentos. Ao seguir essas leis alimentares, os muçulmanos não apenas cumprem uma obrigação religiosa, mas também promovem o bem-estar físico e espiritual, refletindo a natureza holística do islamismo. Os princípios de Halal e Haram, juntamente com a ênfase em alimentos saudáveis e nutritivos, orientam os muçulmanos a fazer escolhas alimentares conscientes e éticas em suas vidas diárias.

Vestimenta e Modéstia

No islamismo, vestimenta e modéstia são componentes integrais da vida diária de um muçulmano e refletem valores espirituais e éticos mais amplos. As diretrizes para vestimenta e comportamento, conhecidas como hijab, são projetadas para promover modéstia, humildade e um senso de dignidade. Esses princípios estão enraizados no Alcorão e no Hadith (ensinamentos e práticas do Profeta Muhammad) e se aplicam a homens e mulheres, embora práticas específicas possam variar.

A modéstia no islamismo abrange mais do que apenas vestimentas; inclui comportamento, fala e comportamento geral. O conceito de modéstia (haya) é um princípio moral abrangente que encoraja os muçulmanos a viver com humildade e respeito por si mesmos e pelos outros. Trata-se de promover uma atitude de humildade e decência, evitar arrogância e manter uma presença respeitosa e honrada na sociedade.

Para as mulheres, a modéstia no vestir normalmente envolve cobrir o corpo de uma forma que não atraia atenção indevida. Isso geralmente inclui usar roupas largas que cobrem todo o corpo, exceto o rosto e as mãos. O hijab, um lenço de cabeça que cobre o cabelo e o pescoço, é uma expressão comum desse princípio. Algumas mulheres também podem escolher usar coberturas adicionais, como o niqab (um véu cobrindo o rosto) ou a burca (uma cobertura de corpo inteiro), dependendo das práticas culturais e convicções pessoais.

O Alcorão fornece diretrizes gerais para a vestimenta feminina na Surata An-Nur (24:31): "E diga às mulheres crentes que baixem o olhar e guardem suas partes íntimas e não exponham seus adornos, exceto o que [necessariamente] apareça, e que envolvam [uma parte] de seus véus sobre o peito e não exponham seus adornos, exceto para seus maridos, seus pais, os pais de seus maridos, seus filhos, os filhos de seus maridos, seus irmãos, os filhos de seus irmãos, os filhos de suas irmãs, suas mulheres, o que suas mãos direitas possuem, ou aqueles assistentes masculinos que não tenham desejo físico, ou crianças que ainda não estejam cientes dos aspectos privados das mulheres." Este versículo enfatiza a importância de se cobrir e da modéstia, ao mesmo tempo em que permite certas exceções na presença de familiares próximos e aqueles que não representam um risco à sua modéstia.

Para os homens, a modéstia também envolve usar roupas largas que cubram o corpo do umbigo aos joelhos no mínimo. Os homens são encorajados a evitar roupas excessivamente justas ou reveladoras e a se apresentarem com dignidade. O Alcorão instrui os homens de forma semelhante na Surata An-Nur (24:30): "Diga aos homens crentes que baixem o olhar e guardem suas partes íntimas. Isso é mais puro para eles. Na verdade, Allah está familiarizado com o que eles fazem." Este versículo destaca a importância do comportamento e da vestimenta modestos para os homens, enfatizando os benefícios espirituais de manter a modéstia.

Além das diretrizes específicas de vestimenta, a modéstia no islamismo também abrange o comportamento e a interação com os outros. Os muçulmanos são encorajados a falar respeitosamente, evitar a ostentação e se comportar com humildade. Isso inclui interações entre homens e mulheres, onde a modéstia e o respeito devem guiar o comportamento. O objetivo é criar uma sociedade onde os indivíduos interagem uns com os outros de uma forma que mantenha a dignidade e promova o respeito mútuo.

Embora os princípios básicos da modéstia sejam consistentes em todo o mundo muçulmano, a expressão desses princípios pode variar amplamente com base em fatores culturais, regionais e individuais. Em algumas culturas, estilos de vestimenta tradicionais que se alinham com os princípios islâmicos de modéstia são predominantes, como a abaya em países árabes, o salwar kameez no sul da Ásia ou o baju kurung no sudeste da Ásia. Essas vestimentas tradicionais geralmente refletem a herança religiosa e cultural.

Em contextos contemporâneos, muitos muçulmanos adaptam a moda moderna para se alinhar às diretrizes de modéstia islâmica. Isso deu origem à indústria da moda modesta, que oferece uma ampla gama de opções de roupas elegantes, mas modestas, tanto para homens quanto para mulheres. Essas modas permitem que os muçulmanos expressem sua individualidade e estilo pessoal, ao mesmo tempo em que aderem aos princípios da modéstia. A ascensão da moda modesta destaca a adaptabilidade das diretrizes islâmicas a diferentes contextos e preferências pessoais.

Modéstia no islamismo não é sobre impor uniformidade, mas sobre encorajar indivíduos a internalizar e expressar seus valores de uma forma que se alinhe com sua fé. É sobre fazer escolhas conscientes que reflitam o comprometimento de alguém com os princípios do islamismo, promovendo um ambiente de respeito mútuo e dignidade.

Além das escolhas pessoais, as diretrizes islâmicas para modéstia também têm implicações sociais. Elas promovem uma cultura de respeito e decência, desencorajando comportamentos e tendências que podem levar à corrupção moral ou exploração. Ao enfatizar a modéstia, o islamismo busca proteger os indivíduos e a sociedade das consequências negativas da imodéstia, como objetificação, assédio e decadência moral.

Críticos das diretrizes islâmicas de vestimenta e modéstia frequentemente as veem como restritivas ou opressivas, particularmente para mulheres. No entanto, muitos muçulmanos veem essas diretrizes como fortalecedoras, fornecendo uma estrutura para viver uma vida digna e respeitosa. Para muitas mulheres, usar o hijab ou outras formas de vestimenta modesta é uma escolha pessoal que reflete sua fé, identidade e comprometimento com os valores islâmicos. É uma fonte de fortalecimento e um meio de afirmar sua agência em uma sociedade que frequentemente julga as mulheres com base em sua aparência.

Em resumo, vestimenta e modéstia no islamismo são princípios fundamentais que orientam a conduta e a aparência de um muçulmano. Essas diretrizes, enraizadas no Alcorão e no Hadith, enfatizam a importância da humildade, respeito e dignidade para homens e mulheres. Embora a expressão desses princípios possa variar amplamente entre diferentes culturas e contextos, os valores subjacentes permanecem consistentes. A modéstia no islamismo abrange mais do que apenas vestimenta; inclui comportamento, fala e comportamento geral, promovendo um ambiente de respeito mútuo e integridade moral. Por meio dessas diretrizes, o islamismo busca proteger a dignidade dos indivíduos e promover uma sociedade justa e respeitosa.

Papéis e relações de gênero

Os papéis e relações de gênero no islamismo são governados por uma combinação de textos religiosos, tradições culturais e interpretações contemporâneas. O Alcorão e o Hadith fornecem as diretrizes fundamentais para os papéis e responsabilidades de homens e mulheres, enfatizando princípios de equidade, respeito mútuo e papéis complementares. Essas diretrizes visam criar uma sociedade equilibrada e harmoniosa, onde ambos os gêneros podem cumprir seu potencial e contribuir para o bem-estar da comunidade.

No islamismo, homens e mulheres são considerados iguais aos olhos de Deus, com cada um tendo direitos e responsabilidades específicos. O Alcorão declara explicitamente que homens e mulheres são criados de uma única alma e são parceiros na fé e na vida. Essa igualdade espiritual é uma pedra angular dos ensinamentos islâmicos, enfatizando que ambos os gêneros são responsáveis por suas ações e serão julgados por Deus com base em seus feitos, não em seu gênero.

Os papéis de homens e mulheres no islamismo são frequentemente descritos como complementares em vez de idênticos. Isso significa que, embora homens e mulheres possam ter papéis e responsabilidades diferentes, esses papéis têm a intenção de trabalhar juntos para sustentar a família e a comunidade em geral. A visão tradicional atribui aos homens o papel de provedor e protetor, responsável pela manutenção financeira e segurança da família. As mulheres, tradicionalmente, são vistas como as principais cuidadoras e cuidadoras, responsáveis por criar os filhos e administrar a casa.

O Alcorão descreve esses papéis na Surata An-Nisa (4:34), afirmando: "Os homens são os protetores e mantenedores das mulheres, porque Allah deu a um mais (força) do que ao outro, e porque eles as sustentam com seus meios." Este versículo enfatiza o dever dos homens de prover e proteger suas famílias, ao mesmo tempo em que reconhece o papel complementar das mulheres na vida familiar.

No entanto, é importante notar que esses papéis não são rígidos e podem ser adaptados com base em circunstâncias individuais e acordo mútuo entre os cônjuges.

Os direitos das mulheres no islamismo são extensos e foram revolucionários para a época. O Alcorão e o Hadith concedem às mulheres o direito de possuir propriedade, herdar, buscar educação e trabalhar. As mulheres têm direito ao apoio financeiro de seus maridos e têm o direito de pedir o divórcio, se necessário. O profeta Muhammad enfatizou a importância de tratar as mulheres com gentileza e respeito, afirmando: "Os melhores de vocês são aqueles que são os melhores para suas esposas."

O casamento no islamismo é visto como uma parceria baseada em respeito mútuo, amor e compaixão. Ambos os cônjuges têm direitos e deveres um para com o outro, e seu relacionamento tem a intenção de ser uma fonte de tranquilidade e apoio. O Alcorão descreve esse relacionamento na Surata Ar-Rum (30:21): "E entre Seus sinais está que Ele criou para vocês, de vocês mesmos, companheiros para que vocês possam encontrar tranquilidade neles; e Ele colocou entre vocês afeição e misericórdia." Este versículo destaca o vínculo emocional e espiritual entre os cônjuges e a importância do apoio e compreensão mútuos.

Nos tempos contemporâneos, a interpretação e a aplicação dos papéis de gênero no islamismo variam amplamente entre diferentes culturas e comunidades. Alguns países de maioria muçulmana fizeram avanços significativos na promoção da igualdade de gênero, com as mulheres participando de todos os aspectos da vida pública e profissional. As oportunidades educacionais para as mulheres se expandiram, e as mulheres estão cada vez mais assumindo papéis de liderança em vários setores. Nesses contextos, os papéis tradicionais de gênero estão evoluindo para refletir as realidades modernas, com homens e mulheres compartilhando responsabilidades pela família e pelo trabalho.

No entanto, em algumas culturas, as interpretações tradicionais dos papéis de gênero permanecem profundamente arraigadas, frequentemente influenciadas por práticas culturais em vez de princípios religiosos. Nesses contextos, as mulheres podem enfrentar restrições em sua mobilidade, educação e participação na vida pública. É importante distinguir entre práticas culturais e ensinamentos islâmicos, pois estes últimos defendem justiça, equidade e respeito por ambos os gêneros.

O feminismo islâmico é um movimento que busca reinterpretar textos islâmicos de uma perspectiva de equidade de gênero, desafiando interpretações patriarcais e defendendo os direitos das mulheres dentro de uma estrutura islâmica. As feministas islâmicas argumentam que muitas práticas restritivas são culturais e não religiosas e que um retorno aos princípios fundamentais do Alcorão e do Hadith pode apoiar uma maior igualdade de gênero. Elas enfatizam a importância da educação e do engajamento crítico com textos religiosos para empoderar as mulheres e promover a justiça social.

Em termos de relações interpessoais, a modéstia e a interação respeitosa entre os gêneros são enfatizadas. Homens e mulheres são encorajados a se conduzirem com dignidade e evitar comportamentos que possam levar a relacionamentos inapropriados ou comprometer sua integridade moral. O princípio da modéstia (haya) orienta as interações, garantindo que ambos os gêneros mantenham um comportamento respeitoso e profissional em ambientes sociais e profissionais.

A família é considerada a pedra angular da sociedade muçulmana, e relacionamentos familiares fortes e saudáveis são altamente valorizados. O bem-estar da família é uma responsabilidade coletiva, com homens e mulheres desempenhando papéis vitais na criação e no apoio aos filhos. Os papéis parentais são vistos como complementares, com ambos os pais contribuindo para o desenvolvimento moral e educacional dos filhos.

Em resumo, os papéis e relações de gênero no islamismo são baseados em princípios de equidade, respeito mútuo e papéis complementares. Embora homens e mulheres possam ter responsabilidades diferentes, esses papéis têm como objetivo apoiar a família e a comunidade como um todo. Os ensinamentos islâmicos concedem às mulheres direitos extensos e enfatizam a importância de tratar as mulheres com gentileza e respeito. A interpretação e a aplicação dos papéis de gênero variam amplamente entre as culturas, e movimentos contemporâneos como o feminismo islâmico buscam promover a igualdade de gênero dentro de uma estrutura islâmica. Modéstia e interação respeitosa entre os gêneros são princípios-chave que orientam as relações interpessoais, garantindo que tanto homens quanto mulheres mantenham dignidade e integridade em suas interações.

Etiqueta e boas maneiras islâmicas

Etiqueta e maneiras islâmicas, conhecidas como *adab* , são aspectos essenciais da vida de um muçulmano, orientando interações com outros, comportamento pessoal e conduta em várias situações. Esses princípios estão profundamente enraizados nos ensinamentos do Alcorão e do Hadith e enfatizam a importância do respeito, humildade, gentileza e compaixão em todos os aspectos da vida. *Adab* não é apenas sobre comportamento externo, mas também sobre cultivar um senso interno de moralidade e decência que reflita a fé de alguém.

Um dos princípios básicos da etiqueta islâmica é o respeito pelos outros. Isso inclui mostrar gentileza e consideração às pessoas, independentemente de seu status, religião ou origem. O Alcorão encoraja os muçulmanos a falar gentilmente e respeitosamente, como na Surata Al-Isra (17:53): "E diga aos Meus servos para dizerem o que é melhor. De fato, Satanás induz [dissensão] entre eles. De fato, Satanás é sempre, para a humanidade, um inimigo claro." Este versículo destaca a importância de usar uma boa fala para promover relacionamentos positivos e evitar conflitos.

O respeito se estende a todas as áreas da vida, incluindo como se trata os pais, os mais velhos e os vizinhos. O Alcorão e o Hadith dão grande ênfase aos direitos dos pais, incitando os muçulmanos a tratá-los com o máximo respeito e gentileza. Na Surata Al-Isra (17:23), é declarado: "E teu Senhor decretou que não adores senão a Ele, e aos pais, bom tratamento. Se um ou ambos chegarem à velhice [enquanto] contigo, não lhes digas [tanto quanto], 'uff', e não os repulses, mas fala-lhes uma palavra nobre." Isso destaca o dever de cuidar e honrar os pais, particularmente na velhice.

As maneiras islâmicas também enfatizam a importância da honestidade e integridade. Os muçulmanos são encorajados a serem verdadeiros em suas palavras e ações, pois mentir e enganar são considerados pecados graves. O Profeta Muhammad disse: "A veracidade leva à retidão, e a retidão leva ao Paraíso. Um homem continua a falar a verdade até que seja registrado com Allah como verdadeiro. A falsidade leva à maldade, e a maldade leva ao Inferno. Um homem pode continuar a contar mentiras até que seja registrado com Allah como mentiroso" (Sahih Muslim). Este Hadith ressalta a importância da veracidade como uma virtude fundamental no Islã.

Generosidade e caridade também são componentes centrais dos costumes islâmicos. Os muçulmanos são encorajados a serem generosos com sua riqueza, tempo e recursos, ajudando os necessitados e contribuindo para o bem-estar da comunidade. O Profeta Muhammad disse: "A sombra do crente no Dia da Ressurreição será sua caridade" (Tirmidhi). Este ensinamento reflete a ideia de que atos de gentileza e generosidade são altamente valorizados no Islã e contribuem para o desenvolvimento espiritual e moral de alguém.

Hospitalidade é outro aspecto importante da etiqueta islâmica. O Alcorão e o Hadith encorajam os muçulmanos a serem hospitaleiros e a tratar os hóspedes com gentileza e respeito. O Profeta Muhammad disse: "Quem acredita em Alá e no Último Dia deve honrar seu hóspede" (Sahih Bukhari). Essa tradição de hospitalidade está profundamente arraigada nas culturas muçulmanas, onde receber hóspedes e suprir suas necessidades é considerado um dever e uma fonte de bênção.

As maneiras islâmicas também orientam o comportamento nas interações sociais. Os muçulmanos são encorajados a cumprimentar uns aos outros com paz, usando a saudação "As-Salamu Alaikum" (Que a paz esteja com você). Esta saudação não é apenas uma forma de cortesia, mas também uma prece pelo bem-estar da outra pessoa. Responder com "Wa Alaikum As-Salam" (E que a paz esteja com você) completa a troca e reforça o respeito mútuo e a boa vontade.

Além das interações sociais, o islamismo fornece diretrizes específicas para boas maneiras em várias situações, como comer, visitar outras pessoas e conduta pública. Por exemplo, ao comer, os muçulmanos são ensinados a começar com o nome de Alá dizendo "Bismillah" (Em nome de Deus), comer com a mão direita e evitar desperdícios. O profeta Muhammad disse: "O filho de Adão não enche nenhum recipiente pior do que seu estômago. É suficiente para o filho de Adão comer alguns bocados para mantê-lo. Se ele deve fazer isso, então deixe-o encher um terço com comida, um terço com bebida e um terço com ar" (Tirmidhi). Este Hadith enfatiza a moderação e a atenção plena ao comer.

Ao visitar outras pessoas, os muçulmanos são encorajados a pedir permissão antes de entrar na casa de alguém, bater na porta e esperar por um convite para entrar. O Alcorão aconselha na Surata An-Nur (24:27): "Ó vós que crestes, não entreis em casas que não sejam as vossas até que tenhais a certeza de boas-vindas e saudeis os seus habitantes. Isso é o melhor para vós; talvez vos lembreis." Este versículo destaca a importância de respeitar a privacidade dos outros e ser cortês nas interações sociais.

Na conduta pública, as maneiras islâmicas enfatizam a humildade, a modéstia e a consideração pelos outros. Os muçulmanos são encorajados a evitar arrogância e orgulho, a baixar o olhar em interações com o sexo oposto e a se vestir modestamente. O Alcorão instrui tanto homens quanto mulheres a observarem a modéstia em suas vestimentas e comportamento, como visto na Surata An-Nur (24:30-31), que instrui os homens a baixarem o olhar e protegerem sua modéstia e as mulheres a se cobrirem apropriadamente.

Além disso, limpeza e higiene pessoal são aspectos importantes da etiqueta islâmica. Os muçulmanos são encorajados a manter a limpeza em seus corpos, roupas e arredores. O Profeta Muhammad disse: "A limpeza é metade da fé" (Sahih Muslim). Este ditado reflete o significado da limpeza no islamismo, tanto no sentido físico quanto espiritual.

As maneiras relacionadas à comunicação também são enfatizadas no islamismo. Os muçulmanos são encorajados a evitar calúnias, difamações e fofocas, pois esses comportamentos são prejudiciais e podem levar à discórdia. O Alcorão adverte contra esse comportamento na Surata Al-Hujurat (49:12): "Ó vocês que creram, evitem muitas suposições [negativas]. Na verdade, algumas suposições são pecados. E não espionem nem caluniem uns aos outros. Alguém de vocês gostaria de comer a carne de seu irmão quando morto? Vocês detestariam isso. E temam a Allah; na verdade, Allah é Aceitante do Arrependimento e Misericordioso." Este versículo destaca a gravidade da calúnia e encoraja os muçulmanos a se envolverem em comunicação positiva e construtiva.

Em resumo, a etiqueta e os costumes islâmicos abrangem uma ampla gama de comportamentos e interações, guiados por princípios de respeito, gentileza, honestidade e humildade. Essas diretrizes, enraizadas nos ensinamentos do Alcorão e do Hadith, visam cultivar um caráter moral e ético que reflita a fé de alguém e contribua para uma sociedade justa e harmoniosa. Seja em interações sociais, comportamento pessoal ou conduta pública, os muçulmanos são encorajados a incorporar os valores do islamismo por meio de seus costumes, garantindo que suas ações estejam alinhadas com os princípios de decência, respeito e compaixão.

Vida familiar

A vida familiar ocupa uma posição central no islamismo, pois é considerada a pedra angular de uma sociedade estável e harmoniosa. A unidade familiar, frequentemente referida como a fundação da sociedade muçulmana, é onde os indivíduos aprendem os valores, a moral e a ética que moldam seu caráter e conduta. Os ensinamentos islâmicos fornecem diretrizes abrangentes para estabelecer e manter uma família forte e saudável, enfatizando o amor, o respeito, a responsabilidade mútua e o crescimento espiritual.

O Alcorão e o Hadith estabelecem papéis e responsabilidades específicas para cada membro da família, garantindo que a família funcione como uma unidade coesa e de apoio. Esses papéis são vistos como complementares, com cada membro contribuindo para o bem-estar e desenvolvimento da família. O objetivo da vida familiar no Islã não é apenas satisfazer as necessidades físicas e emocionais, mas também criar um ambiente que nutra o crescimento espiritual e promova uma conexão profunda com Deus.

O casamento é a base da vida familiar no Islã. É considerado um contrato sagrado entre um homem e uma mulher, destinado a fornecer companheirismo, amor e apoio mútuo. O Alcorão descreve o casamento como uma fonte de tranquilidade e misericórdia, como afirmado na Surata Ar-Rum (30:21): "E entre Seus sinais está que Ele criou para vocês, de vocês mesmos, companheiros para que vocês pudessem encontrar tranquilidade neles; e Ele colocou entre vocês afeição e misericórdia. De fato, nisso há sinais para um povo que dá atenção." Este versículo destaca o vínculo emocional e espiritual que o casamento deve promover, enfatizando o amor, a compaixão e o respeito mútuo.

Na tradição islâmica, os papéis de marido e mulher são claramente definidos, mas flexíveis, permitindo acordo mútuo e adaptação com base em circunstâncias individuais. O marido é tipicamente visto como o provedor e protetor da família, responsável por garantir o bem-estar financeiro e físico de sua esposa e filhos. O Alcorão instrui os homens na Surata An-Nisa (4:34): "Os homens são os protetores e mantenedores das mulheres porque Allah deu a um mais (força) do que ao outro, e porque eles as sustentam com seus meios." Este versículo enfatiza o dever dos homens de cuidar e proteger suas famílias.

A esposa, tradicionalmente, é vista como a principal cuidadora e cuidadora, responsável por criar um ambiente familiar amoroso e de apoio. No entanto, o islamismo também reconhece a importância dos direitos e da autonomia das mulheres. As mulheres são encorajadas a buscar educação, seguir carreiras e participar da vida pública, desde que mantenham suas responsabilidades familiares e sigam os princípios islâmicos de modéstia e conduta. O profeta Muhammad enfatizou a importância de tratar as mulheres com gentileza e respeito, afirmando: "O melhor de vocês são aqueles que são os melhores para suas esposas" (Sunan al-Tirmidhi).

O relacionamento entre marido e mulher no Islã é baseado em respeito mútuo, amor e cooperação. Espera-se que ambos os parceiros consultem um ao outro em assuntos familiares, apoiem um ao outro em seu crescimento pessoal e espiritual e compartilhem responsabilidades para garantir o bem-estar da família. O Alcorão encoraja essa parceria na Surata Al-Baqarah (2:187), onde descreve os cônjuges como "vestimentas" um para o outro, simbolizando proteção mútua, conforto e intimidade.

As crianças ocupam um lugar especial na família no Islã. Elas são consideradas uma bênção e uma confiança de Deus, e os pais têm a responsabilidade de criá-las com amor, cuidado e uma forte base moral. O Alcorão enfatiza a importância da boa criação dos filhos na Surata At-Tahrim (66:6): "Ó vocês que creram, protejam a si mesmos e suas famílias de um Fogo cujo combustível são pessoas e pedras." Este versículo ressalta o dever dos pais de orientar seus filhos em questões de fé e moralidade, garantindo que eles cresçam com um forte senso de certo e errado.

O Profeta Muhammad também destacou a importância de mostrar gentileza e compaixão às crianças. É relatado que ele disse: "Ele não é um de nós que não mostra misericórdia aos nossos jovens e respeito aos nossos mais velhos" (Sunan al-Tirmidhi). Este Hadith enfatiza a importância de um ambiente acolhedor e amoroso no qual as crianças podem prosperar.

Os ensinamentos islâmicos enfatizam a importância da educação para as crianças, tanto no conhecimento religioso quanto no mundano. Os pais são encorajados a ensinar seus filhos sobre o islamismo, incluindo o Alcorão, a vida do Profeta Muhammad e os princípios básicos da crença e prática islâmica. A educação é vista como um meio de capacitar as crianças a realizar seu potencial e contribuir positivamente para a sociedade. O Profeta Muhammad disse: "Buscar conhecimento é uma obrigação de todo muçulmano" (Sunan Ibn Majah), destacando a importância do aprendizado ao longo da vida para todos os muçulmanos.

Além da educação, as crianças também aprendem a importância do respeito pelos pais e pelos mais velhos. O Alcorão ordena que as crianças sejam obedientes aos pais, especialmente à medida que envelhecem, na Surata Al-Isra (17:23): "E teu Senhor decretou que não adoreis senão a Ele, e aos pais, bom tratamento. Se um ou ambos chegarem à velhice [enquanto] com você, não diga a eles [tanto quanto], 'uff,' e não os repulse, mas fale a eles uma palavra nobre." Este versículo enfatiza a importância de tratar os pais com gentileza e respeito, reconhecendo seus sacrifícios e esforços na criação de seus filhos.

A família extensa também desempenha um papel significativo na vida familiar islâmica. O islamismo incentiva a manutenção de laços fortes com parentes, incluindo avós, tias, tios e primos. O conceito de *silat ar-rahim* , ou manutenção de laços familiares, é altamente enfatizado, pois fortalece os laços sociais e cria um senso de comunidade e apoio mútuo. O Profeta Muhammad disse: "Quem acredita em Alá e no Último Dia, que mantenha os laços de parentesco" (Sahih Bukhari). Este ensinamento ressalta a importância da unidade familiar e a obrigação de apoiar e cuidar dos parentes.

Em resumo, a vida familiar no islamismo é centrada nos princípios de amor, respeito, responsabilidade mútua e crescimento espiritual. O casamento é a base da família, fornecendo uma estrutura para companheirismo e apoio mútuo. Os papéis de marido, esposa e filhos são claramente definidos, mas permitem flexibilidade e adaptação com base em circunstâncias individuais. As crianças são consideradas uma bênção e uma confiança de Deus, com os pais encarregados de sua educação moral e espiritual. A família extensa desempenha um papel crucial na manutenção de laços sociais e no fornecimento de apoio. Por meio desses ensinamentos, o islamismo busca criar famílias fortes e saudáveis que contribuam para uma sociedade justa e harmoniosa.

Casamento no Islã

O casamento no islamismo é considerado uma aliança sagrada, um vínculo solene e abençoado que une dois indivíduos em uma parceria projetada para fornecer companheirismo, amor e apoio mútuo. Não é meramente um contrato social, mas uma união espiritual que preenche as necessidades físicas e emocionais, ao mesmo tempo em que serve como base para construir uma família forte e estável e uma sociedade coesa.

O Alcorão e o Hadith fornecem orientação clara sobre a importância e a natureza do casamento, enfatizando que é um aspecto fundamental da vida humana. O Alcorão descreve o casamento como uma fonte de tranquilidade, amor e misericórdia, destacando a profunda conexão emocional e espiritual que deve existir entre os cônjuges. Na Surata Ar-Rum (30:21), é declarado: "E entre Seus sinais está que Ele criou para vocês, de vocês mesmos, companheiros para que vocês possam encontrar tranquilidade neles; e Ele colocou entre vocês afeição e misericórdia. De fato, nisso há sinais para um povo que dá atenção." Este versículo encapsula a essência do casamento no Islã: um relacionamento baseado em afeição mútua, misericórdia e paz.

O casamento também é considerado um ato de adoração no islamismo. Ao se casar, os indivíduos seguem a Sunnah (tradição) do Profeta Muhammad, que era casado e encorajou seus seguidores a se casarem como um meio de satisfazer seus desejos naturais de forma legal e moral. O Profeta Muhammad disse: "O casamento é minha Sunnah. Quem se afasta dele não é meu" (Sahih Bukhari). Este Hadith ressalta a importância do casamento como parte integrante da vida de um muçulmano, refletindo a obediência aos mandamentos de Deus e a adesão aos ensinamentos do Profeta.

No islamismo, os papéis e responsabilidades dentro de um casamento são definidos para garantir um relacionamento equilibrado e harmonioso. O marido é tipicamente visto como o provedor e protetor da família, responsável pelo bem-estar financeiro e físico de sua esposa e filhos. Espera-se que ele trate sua esposa com gentileza, respeito e justiça. O Alcorão instrui os homens na Surata An-Nisa (4:19): "Ó vós que credes, não vos é lícito herdar mulheres por força. E não lhes crieis dificuldades para tomar [de volta] parte do que lhes destes, a menos que cometam uma imoralidade clara. E vivei com elas em gentileza." Este versículo enfatiza a importância do respeito mútuo e da gentileza no casamento, condenando qualquer forma de opressão ou maus-tratos.

A esposa, tradicionalmente, é vista como a principal cuidadora e cuidadora dentro da família. Ela é responsável por criar um ambiente familiar amoroso e de apoio e criar os filhos. No entanto, o islamismo também reconhece os direitos e a autonomia das mulheres. As mulheres são encorajadas a buscar educação, seguir carreiras e se envolver na vida pública, desde que mantenham suas responsabilidades familiares e sigam os princípios islâmicos. O profeta Muhammad enfatizou a importância de tratar as mulheres com cuidado e respeito, afirmando: "O melhor de vocês são aqueles que são melhores para suas esposas" (Sunan al-Tirmidhi). Este ensinamento reforça a ideia de que um casamento bem-sucedido é construído em cuidado mútuo, respeito e compreensão.

Um dos aspectos únicos do casamento no Islã é o conceito de *mahr* , um presente obrigatório dado pelo noivo à noiva no momento do casamento. O *mahr* é um símbolo do comprometimento e responsabilidade do noivo para com sua esposa. É seu direito exclusivo, e ela pode usá-lo como desejar. O Alcorão ordena isso na Surata An-Nisa (4:4): "E dê às mulheres [no casamento] seus presentes [de noiva] graciosamente. Mas se elas voluntariamente derem a você qualquer coisa disso, então aceite com satisfação e facilidade." O *mahr* ressalta a independência financeira e os direitos da esposa dentro do casamento.

O consentimento é um componente crucial de um casamento islâmico. Tanto a noiva quanto o noivo devem concordar voluntariamente com o casamento, e qualquer forma de coerção ou compulsão é estritamente proibida. O Profeta Muhammad enfatizou a importância de buscar o consentimento da mulher, afirmando: "Uma mulher previamente casada tem mais direito à sua pessoa do que seu guardião, e o consentimento de uma virgem deve ser buscado em relação a si mesma" (Sahih Muslim). Este Hadith destaca a autonomia e a agência das mulheres na escolha de seu parceiro de vida.

O casamento no islamismo também é sobre parceria e consulta. Os cônjuges são encorajados a tomar decisões juntos, apoiar um ao outro em seu crescimento pessoal e espiritual e compartilhar responsabilidades para garantir o bem-estar da família. O Alcorão defende a consulta entre os cônjuges na Surata Al-Baqarah (2:233): "E se ambos desejarem o desmame por consentimento mútuo de ambos e consulta, não há culpa sobre nenhum deles." Este versículo ilustra a importância da cooperação e acordo mútuo em questões familiares, promovendo um senso de parceria e responsabilidade compartilhada.

O divórcio, embora permitido no Islã, é considerado um último recurso e é desencorajado, a menos que todos os esforços para reconciliação tenham sido esgotados. O Alcorão fornece orientação detalhada sobre o processo de divórcio para garantir que seja conduzido com justiça e respeito. Na Surata An-Nisa (4:35), é declarado: "E se você temer dissensão entre os dois, envie um árbitro do seu povo e um árbitro do seu povo. Se ambos desejarem a reconciliação, Allah a causará entre eles. Na verdade, Allah é sempre Conhecedor e Familiarizado [com todas as coisas]." Este versículo enfatiza a importância de buscar a reconciliação e o envolvimento de membros da família para mediar e resolver conflitos antes de considerar o divórcio.

Em resumo, o casamento no islamismo é uma instituição sagrada e significativa, projetada para satisfazer as necessidades emocionais, físicas e espirituais, ao mesmo tempo em que fornece uma base para uma vida familiar estável e harmoniosa. É baseado em princípios de respeito mútuo, amor, parceria e consulta. Os papéis e responsabilidades de maridos e esposas são complementares, garantindo um relacionamento equilibrado e de apoio. O casamento é considerado um ato de adoração e um reflexo da obediência aos mandamentos de Deus, com ambos os cônjuges trabalhando juntos para criar uma união amorosa, pacífica e espiritualmente gratificante.

Estudos Avançados do Alcorão

Estudos avançados do Alcorão envolvem uma exploração profunda e sistemática de seu texto, temas, interpretações e ciências associadas à sua compreensão. Esses estudos vão além da leitura básica e memorização, aprofundando-se nas complexidades das dimensões linguística, teológica, legal e espiritual do Alcorão. Para muçulmanos e estudiosos, o Alcorão não é apenas uma escritura religiosa; é um guia abrangente para a vida, uma fonte de sabedoria divina e um texto que exige engajamento intelectual e reflexão.

O primeiro passo nos estudos corânicos avançados é frequentemente o estudo do *Tajweed* , as regras de pronúncia e recitação adequadas do Alcorão. O Tajweed garante que o Alcorão seja recitado corretamente, preservando a pronúncia e o ritmo exatos, conforme revelados ao Profeta Muhammad. O domínio do Tajweed é crucial porque os significados do Alcorão podem mudar com base na pronúncia. Portanto, os alunos avançados passam um tempo significativo aperfeiçoando sua recitação sob a orientação de professores experientes.

Um envolvimento mais profundo com o Alcorão envolve o estudo de *Tafsir* , ou exegese corânica. Tafsir é a interpretação e explicação acadêmica do Alcorão. Envolve a compreensão do contexto em que os versos foram revelados (*Asbab al-Nuzul*), as nuances linguísticas, os significados pretendidos e como os versos se relacionam entre si e com os ensinamentos islâmicos mais amplos. A literatura clássica de Tafsir, como as obras de Ibn Kathir, Al-Tabari e Al-Qurtubi, são textos fundamentais neste campo. Esses estudiosos forneceram comentários extensos sobre o Alcorão, extraindo do Hadith, dos ditos do Profeta Muhammad e dos insights dos companheiros do Profeta.

Estudos modernos de Tafsir frequentemente se envolvem com questões contemporâneas, examinando como os ensinamentos atemporais do Alcorão podem ser aplicados a desafios modernos. Os estudiosos também podem comparar interpretações clássicas com entendimentos contemporâneos, buscando equilibrar tradição com relevância. Esse processo envolve *Ijtihad* — raciocínio independente — onde os estudiosos fazem interpretações informadas que consideram os contextos mutáveis da sociedade, ao mesmo tempo em que permanecem fiéis aos princípios fundamentais do islamismo.

Outra área crítica nos estudos corânicos avançados é *Ulum al-Qur'an* , as ciências do Alcorão. Isso abrange várias disciplinas, incluindo o estudo da compilação do Alcorão, sua estrutura, os diferentes modos de recitação (*Qira'at*) e a preservação de seu texto. Uma das ciências-chave é o estudo de *Nasikh wa Mansukh* — o conceito de ab-rogação no Alcorão, onde certos versículos são entendidos como tendo sido substituídos por revelações posteriores. Entender esse conceito é crucial para que os estudiosos interpretem o Alcorão com precisão em questões legais e éticas.

O estudo linguístico do Alcorão, conhecido como *Balagha* (retórica), é outro campo avançado que se aprofunda na eloquência, estilo e aspectos literários do Alcorão. A linguagem do Alcorão é considerada inimitável, e seus recursos retóricos, incluindo metáforas, símiles e alegorias, transmitem significados profundos e evocam imagens poderosas. Estudantes avançados do Alcorão analisam essas características linguísticas para descobrir as camadas de significado e apreciar a beleza literária do Alcorão. Este estudo geralmente requer conhecimento do árabe clássico, pois a linguagem do Alcorão é única e difere dos dialetos modernos.

O estudo do *Fiqh al-Qur'an* , ou jurisprudência corânica, é essencial para aqueles interessados na lei islâmica. O Alcorão é a fonte primária da Shariah, e entender seus versos legais é crítico para desenvolver uma estrutura legal abrangente. Estudiosos neste campo analisam as injunções, mandamentos e proibições do Alcorão, considerando os princípios do *Maqasid al-Shariah* — os objetivos da lei islâmica, que incluem a proteção da fé, vida, intelecto, linhagem e propriedade. Este campo requer uma compreensão profunda tanto do Alcorão quanto do Hadith, bem como a capacidade de aplicar essas fontes a questões legais contemporâneas.

Estudos corânicos avançados também envolvem explorar os ensinamentos éticos e espirituais do Alcorão. O Alcorão aborda a alma humana, oferecendo orientação sobre comportamento moral, desenvolvimento pessoal e o caminho para a iluminação espiritual. Acadêmicos e estudantes podem se envolver em *Tazkiyah* (purificação espiritual) e *Ihsan* (excelência na adoração), refletindo sobre os ensinamentos do Alcorão para alcançar uma conexão mais profunda com Deus. Os versículos do Alcorão sobre paciência, gratidão, humildade e confiança em Deus são estudados não apenas por suas implicações teóricas, mas pela aplicação prática na vida diária.

O estudo dos *milagres corânicos* (I'jaz al-Qur'an) é outra área fascinante, explorando as várias formas de milagres no Alcorão, incluindo sua inimitabilidade linguística, seus insights científicos e suas previsões de eventos futuros. Os estudiosos analisam como o Alcorão, revelado há mais de 1.400 anos, aborda fenômenos naturais, questões sociais e dilemas éticos de maneiras que continuam a ressoar com o pensamento científico e filosófico moderno. Este campo frequentemente envolve pesquisa interdisciplinar, extraindo da ciência, história e teologia.

Além dessas áreas, estudos corânicos avançados frequentemente incluem estudos comparativos, onde acadêmicos examinam como o Alcorão interage e difere de outros textos religiosos, como a Bíblia e a Torá. Essa abordagem comparativa ajuda a entender as características únicas do Alcorão e sua mensagem universal, ao mesmo tempo em que promove o diálogo e a compreensão inter-religiosa.

Finalmente, estudantes avançados do Alcorão se envolvem em *Tahqiq* — edição crítica e verificação de manuscritos clássicos. Essa atividade acadêmica envolve garantir que o Alcorão e textos relacionados tenham sido transmitidos com precisão através de gerações. Ela requer um exame meticuloso de manuscritos antigos, fazendo referências cruzadas com cópias existentes e resolvendo quaisquer variações textuais.

Em resumo, estudos avançados do Alcorão são um esforço abrangente e multifacetado, abrangendo o estudo da recitação, exegese, análise linguística, jurisprudência, ética, espiritualidade e muito mais. Esses estudos visam não apenas aprofundar a compreensão do Alcorão, mas também aplicar seus ensinamentos na vida pessoal e contribuir para a tradição intelectual islâmica mais ampla. Para aqueles que buscam esses estudos avançados, o Alcorão se torna não apenas um texto para ser lido, mas um companheiro e guia para toda a vida, oferecendo sabedoria e orientação em todos os aspectos da vida.

Estudos de Hadith

Os estudos de hadith são um aspecto crucial da erudição islâmica, com foco nos ditos, ações e aprovações do Profeta Muhammad. Esses relatos, conhecidos como *hadith* , perdem apenas para o Alcorão em sua importância dentro da tradição islâmica. Eles fornecem contexto, esclarecimento e aplicação prática dos ensinamentos do Alcorão, moldando a lei islâmica, a ética e as práticas diárias.

O estudo de hadith envolve uma análise abrangente de vários aspectos desses relatos, incluindo sua autenticidade, cadeia de transmissão e conteúdo. Este campo de estudo é essencial para entender o escopo completo dos ensinamentos islâmicos e garantir que as interpretações da orientação do Profeta sejam precisas e confiáveis.

Um dos elementos fundamentais dos estudos de hadith é a classificação de hadith em categorias com base em sua autenticidade. Os estudiosos desenvolveram uma ciência rigorosa para avaliar a confiabilidade do hadith, que inclui examinar a cadeia de narradores (*isnad*) e o próprio texto (*matn*). A cadeia de narradores é examinada para garantir que cada indivíduo na cadeia seja confiável, preciso e tenha uma memória forte. O texto é analisado quanto à consistência com outros hadith autênticos e o Alcorão, bem como seu alinhamento com os princípios islâmicos estabelecidos.

Hadith são geralmente classificados em várias categorias: *Sahih* (autêntico), *Hasan* (bom) e *Da'if* (fraco). *Sahih* hadith tem uma cadeia contínua de narradores confiáveis e são considerados os mais confiáveis. *Hasan* hadith tem uma cadeia geralmente confiável, mas pode ter alguns problemas menores. *Da'if* hadith, sendo fraco, pode ter problemas em sua cadeia ou conteúdo, e seu uso é frequentemente limitado em questões legais e teológicas.

Outra área crítica nos estudos de hadith é o exame do *Sihah Sittah* , as seis principais coleções de hadith compiladas por estudiosos proeminentes. Essas coleções — *Sahih al-Bukhari* , *Sahih Muslim* ,

Sunan Abu Dawood , *Sunan at-Tirmidhi* , *Sunan an-Nasa'i* e *Sunan Ibn Majah* — representam as fontes mais respeitadas de hadith. Cada coleção tem sua metodologia para selecionar e verificar hadith, refletindo os critérios e abordagens dos estudiosos quanto à autenticidade.

Além da autenticidade, os estudos de hadith envolvem a compreensão do contexto em que os ditos e ações do Profeta foram registrados. Isso inclui explorar o contexto histórico, social e cultural do hadith, o que ajuda os estudiosos a interpretá-los corretamente e aplicá-los a questões contemporâneas. Entender o contexto também envolve examinar as circunstâncias que cercam a revelação do hadith, as interações do Profeta com seus companheiros e as normas sociais da época.

O estudo do hadith também inclui a análise do *Matn al-Hadith* , o conteúdo ou texto do hadith. Os estudiosos avaliam o conteúdo quanto à sua consistência com outros hadith conhecidos e o Alcorão. Eles também avaliam se o hadith aborda questões relacionadas a decisões legais, orientação ética ou conduta pessoal. O objetivo é garantir que as interpretações e aplicações do hadith se alinhem com os ensinamentos islâmicos e contribuam positivamente para a fé e a prática dos muçulmanos.

O *Ilm al-Hadith* , ou a ciência do hadith, abrange várias subdisciplinas, incluindo *Ilal* (o estudo de defeitos ocultos no hadith), *Jarh wa Ta'dil* (a avaliação da confiabilidade dos narradores) e *Mustalah al-Hadith* (a terminologia e os princípios da classificação do hadith). Essas disciplinas fornecem uma estrutura para avaliar o hadith e garantem a integridade da literatura do hadith.

Os estudos de hadith também envolvem o exame de *Shuruh* (comentários) sobre coleções de hadith. Os estudiosos escreveram comentários extensos sobre as principais coleções de hadith, explicando os significados, contextos e implicações dos relatos. Esses comentários fornecem insights valiosos sobre o hadith e ajudam os muçulmanos a entender e aplicar os ensinamentos do Profeta em suas vidas.

Em resumo, os estudos de hadith são um campo complexo e multifacetado que desempenha um papel vital na compreensão e aplicação dos ensinamentos islâmicos. Ao examinar a autenticidade, o contexto e o conteúdo do hadith, os estudiosos garantem que a orientação do Profeta Muhammad seja transmitida com precisão e praticada fielmente. Essa abordagem rigorosa aos estudos de hadith ajuda a preservar a integridade dos ensinamentos islâmicos e fornece uma base para interpretar e aplicar a sabedoria do Profeta em vários aspectos da vida.

História Islâmica

A história islâmica abrange mais de quatorze séculos, abrangendo a ascensão de uma civilização religiosa e cultural que moldou significativamente a história global. É marcada pelo surgimento do islamismo, a vida do profeta Maomé, a disseminação da religião pelos continentes e o desenvolvimento de vários impérios e sociedades islâmicas.

A fundação da história islâmica começa com a vida do Profeta Muhammad, que nasceu em Meca por volta de 570 EC. A vida inicial de Muhammad foi marcada por sua reputação de honestidade e integridade, o que lhe rendeu o título de *Al-Amin* (o confiável). Aos 40 anos, ele começou a receber revelações de Deus por meio do anjo Gabriel, que mais tarde foram compiladas no Alcorão. Essas revelações desafiaram as práticas politeístas de Meca e clamaram pela adoração de um Deus, justiça social e reforma moral.

A mensagem de Maomé enfrentou oposição significativa da tribo Quraysh em Meca, levando à perseguição de seus seguidores. Em 622 EC, Maomé e seus seguidores migraram para Yathrib, mais tarde conhecida como Medina, em um evento conhecido como Hijra . Essa migração marcou o início do calendário islâmico. Em Medina, Maomé estabeleceu uma comunidade muçulmana e uma constituição que lançou as bases para a governança islâmica e a ordem social.

Ao longo da década seguinte, Muhammad liderou seus seguidores em várias batalhas e negociações, consolidando o estado muçulmano. Em 630 d.C., ele e seus seguidores conquistaram Meca pacificamente, purificando a Caaba de seus ídolos e restabelecendo-a como um centro de adoração monoteísta. A morte de Muhammad em 632 d.C. marcou o fim de sua liderança direta, mas iniciou o período do *Califado Rashidun* .

O *Califado Rashidun* (632-661 EC) foi liderado pelos quatro primeiros califas: Abu Bakr, Umar ibn al-Khattab, Uthman ibn Affan e Ali ibn Abi Talib. Este período é caracterizado pela rápida expansão do território islâmico além da Península Arábica, incluindo a conquista de partes dos Impérios Bizantino e Sassânida. O Califado também foi marcado por conflitos internos, incluindo a *Primeira Fitna* (656-661 EC), uma série de guerras civis e conflitos políticos.

Após o Califado Rashidun, o *Califado Omíada* (661-750 EC) surgiu sob a liderança da dinastia Omíada. Os Omíadas estabeleceram sua capital em Damasco e supervisionaram uma expansão territorial posterior, estendendo-se da Espanha no oeste até a Índia no leste. Este período viu o desenvolvimento de uma cultura islâmica distinta e estrutura administrativa, mas também foi marcado pelo crescente descontentamento entre vários grupos muçulmanos, levando à ascensão do *Califado Abássida* .

O *Califado Abássida* (750-1258 EC) sucedeu os Omíadas e estabeleceu sua capital em Bagdá. A era Abássida é frequentemente considerada uma era de ouro da civilização islâmica, caracterizada por avanços significativos na ciência, filosofia, medicina e artes. O período viu o florescimento da vida intelectual e cultural, com estudiosos traduzindo textos gregos, persas e indianos para o árabe e fazendo contribuições originais para vários campos. No entanto, o Califado Abássida eventualmente enfrentou fragmentação e declínio, levando à ascensão de potências regionais.

O declínio do Califado Abássida abriu caminho para o surgimento de várias dinastias e impérios islâmicos. O *Califado Fatímida* (909-1171 d.C.), com sua capital no Cairo, e o *Império Seljúcida* (1037-1194 d.C.) na Anatólia, foram participantes significativos neste período. O *Sultanato Mameluco* (1250-1517 d.C.) governou o Egito e o Levante e é conhecido por sua proeza militar e patrocínio das artes e da arquitetura.

O *Império Otomano* (1299-1922 EC) é um dos impérios islâmicos mais influentes da história. Fundado por Osman I, os otomanos estabeleceram um vasto império que abrangia o sudeste da Europa, a Ásia Ocidental e o norte da África. A capital do império foi inicialmente em Bursa, depois Edirne e, finalmente, Constantinopla (Istambul) após sua conquista em 1453 EC. Os otomanos presidiram um período de notável estabilidade política, expansão militar e realizações culturais. O sistema administrativo, os códigos legais e as inovações arquitetônicas do império deixaram um legado duradouro.

Na era moderna, o declínio do Império Otomano e o impacto do colonialismo europeu levaram a mudanças políticas, sociais e culturais significativas no mundo muçulmano. O início do século XX viu a desintegração do Império Otomano e a ascensão de novos estados-nação no Oriente Médio e Norte da África. O estabelecimento da República da Turquia em 1923, sob Mustafa Kemal Atatürk, marcou uma mudança significativa do sistema de califado otomano para uma república secular.

O período contemporâneo na história islâmica é caracterizado pela luta pela estabilidade política, desenvolvimento econômico e reforma social em muitos países de maioria muçulmana. A ascensão do islamismo político, a disseminação de ideologias radicais e os conflitos em andamento no Oriente Médio moldaram os eventos atuais. Os esforços em direção à modernização e reforma continuam enquanto os países de maioria muçulmana navegam em suas identidades pós-coloniais e buscam equilibrar a tradição com o progresso.

Em resumo, a história islâmica é uma tapeçaria rica e complexa que abrange mais de quatorze séculos, abrangendo a ascensão e queda de impérios, a disseminação de práticas religiosas e culturais e a evolução contínua do mundo muçulmano. Da vida do Profeta Muhammad e dos primeiros califados ao Império Otomano e aos desafios contemporâneos, a história islâmica reflete a natureza dinâmica e multifacetada de uma civilização que influenciou profundamente a história global e continua a moldar o presente e o futuro.

Lei Islâmica (Sharia)

A lei islâmica, ou *Sharia*, é um sistema legal e ético abrangente derivado do Alcorão e do Hadith (ditos e ações do Profeta Muhammad). Ela abrange uma ampla gama de aspectos, incluindo adoração, conduta pessoal, relações familiares, transações comerciais e justiça criminal. A Sharia serve como um guia para os muçulmanos sobre como viver uma vida que agrade a Deus e em harmonia com os princípios do Islã.

A Sharia não é meramente um conjunto de leis, mas um sistema holístico que integra dimensões legais, morais e espirituais. Ela visa defender a justiça, a equidade e o bem comum, refletindo a vontade divina conforme articulada nos ensinamentos islâmicos. As fontes primárias da Sharia são o Alcorão e o Hadith, que fornecem os princípios fundamentais e a orientação detalhada para vários aspectos da vida.

A interpretação e aplicação da Sharia envolvem várias metodologias-chave. A mais significativa é *Ijtihad*, ou raciocínio independente, onde os estudiosos aplicam princípios derivados do Alcorão e Hadith a novas situações e questões não explicitamente abordadas nos textos primários. Este processo permite a adaptação da lei islâmica a circunstâncias mutáveis e necessidades sociais em evolução. Os estudiosos usam *Qiyas* (analogia), *Ijma* (consenso) e *Istihsan* (preferência jurídica) para tomar decisões legais informadas e garantir que as interpretações permaneçam relevantes e práticas.

Jurisprudência islâmica, ou *Fiqh*, é a ciência de interpretar e aplicar a Sharia. Ela é dividida em várias escolas de pensamento, cada uma com sua metodologia e interpretação. As quatro principais escolas sunitas de jurisprudência são as escolas Hanafi, Maliki, Shafi'i e Hanbali. Cada escola desenvolveu seus próprios princípios e decisões legais com base no Alcorão, Hadith e no consenso dos primeiros estudiosos. O islamismo xiita também tem sua própria tradição legal, com a escola Ja'fari sendo a mais proeminente entre os muçulmanos xiitas.

Além das fontes primárias, a aplicação da Sharia envolve a consideração de *Maslaha* (interesse público) e *Maqasid al-Shariah* (os objetivos da Sharia). Esses conceitos garantem que as decisões legais sirvam ao bem maior e se alinhem aos objetivos mais elevados de preservação da fé, vida, intelecto, linhagem e propriedade. Ao focar nesses objetivos, a Sharia busca promover a justiça, a equidade e o bem-estar dos indivíduos e da sociedade.

A Sharia abrange vários aspectos da vida pessoal e social. Na conduta pessoal, ela fornece diretrizes para comportamento moral, incluindo honestidade, integridade e respeito pelos outros. Ela aborda questões como leis alimentares, códigos de vestimenta e higiene pessoal, enfatizando a importância da limpeza e da modéstia.

No direito da família, a Sharia descreve os direitos e responsabilidades dos membros da família, incluindo casamento, divórcio e herança. O casamento é visto como um vínculo sagrado, e a Sharia fornece regulamentações detalhadas sobre os direitos e deveres dos cônjuges, o processo de divórcio e a divisão da herança. Os princípios de justiça e equidade são centrais para o direito da família, garantindo que os direitos de todos os membros da família sejam protegidos.

Em transações comerciais e financeiras, a Sharia promove conduta ética e proíbe práticas consideradas prejudiciais ou exploradoras. Por exemplo, *Riba* (usura) é estritamente proibida, e as transações devem ser conduzidas de forma transparente e justa. A Sharia incentiva o comércio e o comércio, ao mesmo tempo em que enfatiza a honestidade e a integridade nas transações financeiras.

A lei criminal sob a Sharia inclui disposições para várias ofensas, incluindo roubo, adultério e falsas acusações. As punições pretendem ser justas e reformadoras, visando dissuadir o crime enquanto fornecem oportunidades de arrependimento e reabilitação. A aplicação da lei criminal sob a Sharia frequentemente requer um alto padrão de evidência e a consideração de fatores atenuantes.

Um dos desafios significativos na aplicação da Sharia é equilibrar interpretações tradicionais com questões contemporâneas. À medida que as sociedades evoluem, a aplicação da Sharia deve abordar novas questões legais e éticas que não estavam presentes nos primeiros contextos islâmicos. Isso requer uma compreensão diferenciada tanto da letra quanto do espírito da lei, bem como uma disposição para se envolver em uma interpretação ponderada e informada.

Nos tempos modernos, a implementação da Sharia varia amplamente entre diferentes países e comunidades. Alguns países de maioria muçulmana incorporam a Sharia em seus sistemas legais em diferentes extensões, frequentemente ao lado de leis seculares. Em outros, a Sharia é aplicada principalmente em questões de status pessoal, como direito de família, enquanto questões civis e criminais são regidas por leis seculares.

A aplicação diversa da Sharia reflete a adaptabilidade da lei islâmica e sua capacidade de atender às necessidades de diferentes sociedades, permanecendo fiel aos seus princípios fundamentais. Acadêmicos e juristas continuam a se envolver em debates e discussões sobre a melhor forma de aplicar a Sharia em contextos contemporâneos, esforçando-se para garantir que sua implementação permaneça justa, equitativa e alinhada com os valores centrais do islamismo.

Em resumo, a lei islâmica, ou Sharia, é um sistema abrangente que governa vários aspectos da vida, incluindo conduta pessoal, relações familiares, transações comerciais e justiça criminal. Derivada do Alcorão e do Hadith, a Sharia integra dimensões legais, morais e espirituais, visando promover a justiça, a equidade e o bem comum. A interpretação e a aplicação da Sharia envolvem uma gama de metodologias e princípios, refletindo a natureza dinâmica e evolutiva da jurisprudência islâmica. À medida que as sociedades mudam, a Sharia continua a se adaptar, esforçando-se para manter seus valores fundamentais enquanto aborda os desafios contemporâneos.

Sufismo e Espiritualidade

O sufismo, ou *Tasawwuf* , representa a dimensão mística e espiritual do islamismo, com foco na experiência interior e pessoal de Deus. Ele enfatiza o desenvolvimento de um relacionamento profundo e pessoal com o divino por meio de práticas que fomentam o crescimento espiritual, a pureza do coração e a autoconsciência. O sufismo busca transcender o mundo material e alcançar uma conexão direta e experiencial com Deus, frequentemente descrita como o objetivo final do caminho sufi.

As origens do Sufismo podem ser rastreadas até os primeiros dias do Islã, onde a ênfase na pureza interior e devoção era parte integrante da vida do Profeta Muhammad e seus companheiros. Com o tempo, o Sufismo evoluiu para uma tradição distinta com suas próprias práticas, ensinamentos e estruturas organizacionais. Os primeiros Sufis eram conhecidos por seu ascetismo, piedade e dedicação a práticas espirituais que visavam limpar a alma e se aproximar de Deus.

Central para o Sufismo é o conceito de *Ihsan* , que significa lutar pela excelência na adoração e conduta. O Profeta Muhammad descreveu Ihsan como adorar a Deus como se alguém O visse, e mesmo que alguém não O veja, sabendo que Deus os vê. Esse profundo senso de consciência e presença divina é um aspecto central da espiritualidade Sufi. Os sufis frequentemente se envolvem em práticas como *dhikr* (lembrança de Deus), *salah* (oração) e *muraqabah* (meditação) para cultivar essa consciência e aprofundar sua conexão espiritual.

O sufismo coloca uma forte ênfase na transformação interna do eu. A jornada de um sufi é frequentemente descrita como um processo de purificação e autodescoberta, onde se confronta e supera o ego, ou *nafs* . O objetivo é atingir um estado de iluminação espiritual e proximidade com Deus, caracterizado por qualidades como humildade, amor e compaixão. Essa transformação é frequentemente guiada por um professor espiritual ou *shaykh* , que fornece orientação, apoio e sabedoria ao longo do caminho.

Um dos principais aspectos do sufismo é o uso de simbolismo e metáfora para expressar verdades espirituais. A literatura sufi é rica em obras poéticas e alegóricas que transmitem profundos insights espirituais. Poetas sufis renomados como Rumi, Hafiz e Ibn Arabi usaram a poesia para explorar temas de amor divino, unidade e a busca por significado espiritual. Seus escritos frequentemente enfatizam a ideia do amor divino como uma força transformadora que transcende as limitações do mundo material e leva a uma compreensão mais profunda de Deus.

O sufismo também envolve práticas e rituais comunitários que promovem a conexão e a unidade espiritual. A ordem sufi, ou *tariqa* , é uma irmandade ou irmandade espiritual que segue um caminho específico sob a orientação de um shaykh. Essas ordens geralmente têm práticas, ensinamentos e formas de adoração distintas. As práticas comuns incluem recitações em grupo de dhikr, orações comunitárias e reuniões espirituais conhecidas como *majalis* . Esses rituais ajudam a fortalecer os laços entre os membros e facilitam a busca coletiva pelo crescimento espiritual.

O conceito de amor divino, ou *ishq* , é central para a espiritualidade sufi. Os sufis acreditam que o amor por Deus é a força motriz por trás de todo esforço espiritual e que experimentar o amor de Deus leva à verdadeira realização e alegria. Esse amor é frequentemente expresso por meio de atos de devoção, compaixão e serviço aos outros. Os sufis veem o amor como um meio de transcender o eu e experimentar um profundo senso de unidade com o divino.

O sufismo enfrentou vários desafios e críticas ao longo de sua história. Alguns estudiosos islâmicos ortodoxos viram certas práticas e crenças sufis como desvios dos ensinamentos islâmicos tradicionais. No entanto, o sufismo também fez contribuições significativas ao pensamento, cultura e prática islâmicos. Ele desempenhou um papel vital na disseminação do islamismo por diferentes regiões e influenciou vários aspectos da arte, literatura e filosofia islâmicas.

Nos tempos contemporâneos, o Sufismo continua a prosperar e se adaptar aos contextos modernos. Muitas ordens e praticantes sufis estão ativamente engajados no diálogo inter-religioso, justiça social e serviço comunitário. A ênfase do Sufismo na transformação interior e no crescimento espiritual ressoa com indivíduos que buscam significado e conexão mais profundos em um mundo em rápida mudança.

Em resumo, o Sufismo representa a dimensão mística e espiritual do Islã, focando na experiência interior de Deus e na transformação do eu. Envolve práticas como lembrança, meditação e poesia que visam aprofundar a conexão espiritual e cultivar o amor divino. O Sufismo tem uma rica tradição de pensamento místico e prática comunitária, e continua a oferecer um caminho de exploração espiritual e crescimento pessoal no mundo moderno.

Lidando com Dúvidas e Questões

Lidar com dúvidas e questões é um aspecto crucial da jornada de alguém em abraçar e praticar o islamismo. Dúvidas e questões podem surgir de várias fontes — sejam elas decorrentes de incertezas pessoais, desafios externos ou do processo de integração de novas crenças na vida de alguém. Lidar com essas dúvidas de forma eficaz envolve uma combinação de introspecção, busca de conhecimento e envolvimento com a comunidade muçulmana mais ampla.

O primeiro passo para lidar com dúvidas é reconhecê-las e aceitá-las como uma parte natural do processo de desenvolvimento da fé. Dúvidas não são inerentemente negativas; elas podem ser uma oportunidade para uma compreensão mais profunda e uma fé mais forte se abordadas de forma construtiva. O islamismo encoraja os buscadores a fazer perguntas e buscar clareza como parte de seu crescimento espiritual. O Alcorão e o Hadith enfatizam a importância de buscar conhecimento e compreensão, e muitos estudiosos proeminentes abordaram várias dúvidas ao longo da história islâmica.

Uma maneira eficaz de lidar com dúvidas é por meio da educação. Engajar-se com fontes confiáveis de conhecimento islâmico, como o Alcorão, Hadith e obras de estudiosos respeitáveis, pode fornecer clareza e responder a muitas perguntas. É importante abordar essas fontes com a mente aberta e disposição para aprender. Assistir a palestras, participar de círculos de estudo e ler livros sobre teologia islâmica, jurisprudência e história pode ajudar a construir uma base sólida e abordar dúvidas específicas.

Consultar indivíduos experientes e conhecedores, como acadêmicos, imãs ou mentores, também pode ser benéfico. Esses indivíduos podem oferecer orientação, fornecer contexto e abordar preocupações específicas com base em sua expertise. Engajar-se em um diálogo aberto e respeitoso com membros conhecedores da comunidade pode ajudar a esclarecer equívocos e fornecer segurança.

Refletir sobre as experiências pessoais e a jornada espiritual é outro aspecto importante para lidar com dúvidas. A reflexão pessoal permite que os indivíduos examinem suas crenças, valores e experiências à luz dos ensinamentos islâmicos. Oração e súplica (dua) podem ser ferramentas poderosas para buscar orientação e conforto. Pedir a Deus por clareza e força para lidar com dúvidas pode ajudar a nutrir a fé e resolver incertezas.

Entender que a dúvida é parte da experiência humana também pode proporcionar conforto. Muitos companheiros do Profeta Muhammad e dos primeiros estudiosos muçulmanos vivenciaram dúvidas e lutas em sua jornada de fé. Suas experiências e resoluções podem servir como lições e exemplos valiosos. Reconhecer que outros enfrentaram desafios semelhantes e emergiram com fé fortalecida pode ser encorajador.

Também é útil se envolver com a comunidade muçulmana mais ampla. Fazer parte de uma comunidade solidária pode fornecer um senso de pertencimento e segurança. Participar de atividades comunitárias, como orações, grupos de estudo e eventos sociais, pode fortalecer a conexão com o islamismo e oferecer oportunidades de aprendizado e apoio. O senso de solidariedade e experiência compartilhada pode ajudar a aliviar sentimentos de isolamento e incerteza.

Ao lidar com dúvidas relacionadas a questões específicas ou desafios contemporâneos, buscar conhecimento especializado ou perspectivas pode ser útil. Por exemplo, se surgirem dúvidas sobre certos aspectos da lei islâmica, ética ou questões modernas, consultar acadêmicos especializados nessas áreas pode fornecer respostas detalhadas e informadas. Essa abordagem garante que as respostas sejam bem fundamentadas e relevantes para as preocupações específicas.

Por fim, é importante abordar dúvidas e questões com paciência e perseverança. Construir e nutrir a fé é um processo contínuo, e é natural que os indivíduos encontrem períodos de incerteza. Manter uma atitude positiva, estar aberto ao aprendizado e continuar buscando conhecimento e orientação pode ajudar a navegar por esses desafios.

Em resumo, lidar com dúvidas e questões é parte integrante da jornada de abraçar e praticar o islamismo. Reconhecer dúvidas, buscar conhecimento, consultar indivíduos experientes, refletir sobre experiências pessoais e se envolver com a comunidade muçulmana são estratégias eficazes para lidar com incertezas. Ao abordar dúvidas com paciência e disposição para aprender, os indivíduos podem fortalecer sua fé e alcançar maior clareza e compreensão.

Lidando com a oposição

Lidar com a oposição, seja da família, amigos ou da sociedade, é um desafio comum enfrentado por muitos indivíduos que abraçam o islamismo. Essa oposição pode se manifestar de várias formas, incluindo ceticismo, crítica ou hostilidade total. Navegar por esses desafios requer paciência, resiliência e uma abordagem ponderada para gerenciar e lidar com as preocupações de forma eficaz, mantendo a fé e o comprometimento.

Um dos primeiros passos para lidar com a oposição é entender a natureza da oposição. Reconheça que a oposição geralmente decorre de uma falta de entendimento, desinformação ou valores e crenças diferentes. As pessoas podem responder negativamente devido ao medo do desconhecido ou noções preconcebidas sobre o islamismo. Lidar com essas reações com empatia e disposição para se envolver em um diálogo construtivo pode ajudar a preencher lacunas e dissipar equívocos.

Comunicação clara e aberta é crucial ao lidar com oposição. Quando confrontado com perguntas ou críticas, aborde a conversa com respeito e uma atitude calma. Fornecer informações precisas sobre o islamismo, explicar crenças pessoais e compartilhar aspectos positivos da fé pode ajudar a promover a compreensão. É importante ouvir ativamente as preocupações dos outros e abordá-las cuidadosamente, sem se tornar defensivo ou confrontacional.

Educar-se completamente sobre o islamismo também é essencial. Estar bem informado permite que os indivíduos respondam a perguntas e críticas com confiança e clareza. Isso inclui entender os principais aspectos das crenças, práticas e história islâmicas. Ter uma base sólida de conhecimento permite que alguém lide com equívocos e forneça informações precisas de forma eficaz.

Engajar-se com redes de apoio, como companheiros muçulmanos, líderes comunitários ou mentores, pode fornecer orientação e encorajamento valiosos. Esses indivíduos podem oferecer conselhos sobre como lidar com a oposição, compartilhar suas próprias experiências e fornecer apoio emocional. Fazer parte de uma comunidade de apoio ajuda a reforçar a fé e fornece um senso de solidariedade.

Também é importante demonstrar os princípios do islamismo por meio de suas ações. Viver os valores de gentileza, paciência e respeito pode servir como um poderoso testamento à fé. Ações geralmente falam mais alto que palavras, e demonstrar o impacto positivo dos ensinamentos islâmicos na vida diária pode combater estereótipos negativos e destacar os valores de compaixão e justiça.

Lidar com a oposição da família e dos amigos requer sensibilidade e cuidado adicionais. Os relacionamentos pessoais podem ser profundamente afetados por diferenças religiosas, e navegar nessas dinâmicas requer equilibrar as crenças de alguém com a manutenção da harmonia familiar. Conversas abertas e honestas com entes queridos sobre a jornada de fé de alguém podem ajudar a construir o entendimento mútuo. É crucial abordar essas discussões com empatia, reconhecendo suas preocupações enquanto expressa sua própria perspectiva.

Em alguns casos, pode ser necessário estabelecer limites para proteger o bem-estar de alguém. Se a oposição se tornar excessivamente dura ou prejudicial, é importante priorizar a saúde mental e emocional pessoal. Buscar orientação de líderes comunitários ou conselheiros pode fornecer estratégias para gerenciar interações difíceis e manter a paz de espírito.

Orações e súplicas também são ferramentas poderosas para lidar com a oposição. Buscar força e orientação de Deus pode fornecer conforto e clareza durante tempos desafiadores. Envolver-se regularmente em orações e práticas espirituais ajuda a manter um senso de paz interior e resolução.

Em última análise, lidar com a oposição envolve uma combinação de paciência, educação, comunicação respeitosa e resiliência pessoal. Ao abordar a oposição de forma ponderada e demonstrar os valores do islamismo por meio de suas ações, os indivíduos podem navegar por esses desafios enquanto permanecem fiéis à sua fé. É importante lembrar que a oposição é uma experiência comum e que a perseverança, juntamente com o apoio de uma comunidade forte, pode ajudar a superar esses obstáculos e fortalecer a jornada de fé de alguém.

Manter a fé em um ambiente não muçulmano

Manter a fé em um ambiente não muçulmano pode ser uma experiência desafiadora, mas gratificante. Muitas vezes envolve navegar por diferenças culturais, enfrentar mal-entendidos e permanecer fiel às próprias crenças enquanto se envolve com uma comunidade diversa. Aqui estão algumas estratégias e insights para preservar a fé em meio a tais circunstâncias.

Uma das principais maneiras de manter a fé é por meio do comprometimento pessoal e da disciplina espiritual. Estabelecer uma prática consistente de orações diárias, ler o Alcorão e se envolver em reflexão pessoal ajuda a fortalecer a conexão com Deus e a reforçar os princípios religiosos. Essa disciplina pessoal fornece uma base forte e resiliência contra pressões externas.

Construir uma rede de apoio é crucial. Conectar-se com outros muçulmanos, seja por meio de mesquitas locais, centros islâmicos ou comunidades online, pode oferecer encorajamento e solidariedade. Essas conexões fornecem um senso de pertencimento e um espaço para compartilhar experiências, buscar conselhos e obter apoio para manter práticas religiosas.

Educação sobre a fé de alguém é outro aspecto fundamental. Ter conhecimento sobre crenças, práticas e história islâmicas ajuda os indivíduos a responder com confiança a perguntas ou desafios. Esse conhecimento não apenas ajuda a esclarecer equívocos, mas também reforça a convicção pessoal. Participar de círculos de estudo, assistir a palestras e se envolver em discussões com indivíduos experientes pode aprofundar ainda mais a compreensão de alguém.

Criar um equilíbrio entre práticas religiosas e vida diária é essencial. Envolve encontrar maneiras práticas de observar obrigações religiosas enquanto acomoda as realidades de viver em um ambiente não muçulmano. Por exemplo, encontrar horários e espaços apropriados para orações, preparar comida halal e observar o jejum durante o Ramadã, mesmo em um contexto não muçulmano, são todos aspectos importantes para manter a fé.

A comunicação eficaz é essencial ao lidar com diferenças culturais e religiosas. Explicar as próprias crenças e práticas de forma respeitosa e clara pode ajudar a promover a compreensão e reduzir mal-entendidos. Educar os outros sobre o islamismo pode dissipar estereótipos e construir respeito mútuo.

Também é importante praticar paciência e resiliência. Enfrentar desafios ou encontrar preconceitos requer um forte senso de força interior e perseverança. Abraçar os ensinamentos do islamismo sobre paciência e resiliência ajuda a manter o foco nos objetivos espirituais e superar dificuldades.

Manter a fé em um ambiente não muçulmano envolve equilibrar compromissos religiosos com interações sociais. É essencial respeitar as crenças dos outros enquanto se mantém firme nos próprios valores. Engajar-se em diálogo inter-religioso e participar de atividades comunitárias pode promover respeito mútuo e compreensão, demonstrando os aspectos positivos do islamismo.

Em resumo, manter a fé em um ambiente não muçulmano envolve uma combinação de comprometimento pessoal, construção de redes de apoio, autoeducação e equilíbrio entre práticas religiosas e a vida diária. Por meio de comunicação eficaz, paciência e resiliência, os indivíduos podem navegar pelos desafios de viver em um contexto diverso enquanto permanecem fiéis à sua fé.

Educação Continuada e Crescimento

Educação continuada e crescimento pessoal são essenciais para nutrir e aprofundar a fé e a compreensão do Islã. Essa jornada contínua de aprendizado e desenvolvimento enriquece a vida espiritual, fortalece a prática religiosa e aumenta a capacidade de contribuir positivamente para a comunidade. Abraçar um compromisso com o aprendizado e o crescimento ao longo da vida envolve várias estratégias e abordagens.

Primeiro, envolver-se em estudo regular do Alcorão e Hadith é fundamental. Aprofundar a compreensão das fontes primárias do Islã ajuda a compreender os ensinamentos principais e suas aplicações na vida diária. A recitação regular, a reflexão e o estudo desses textos, com a orientação de acadêmicos ou grupos de estudo respeitáveis, aumentam a compreensão e promovem a conexão espiritual.

Expandir o conhecimento por meio da literatura e bolsa de estudos islâmicas também é importante. Ler livros e artigos escritos por acadêmicos respeitados sobre tópicos como teologia, jurisprudência, história e espiritualidade fornece insights e perspectivas valiosos. Participar de palestras, seminários e workshops pode facilitar ainda mais o aprendizado e expor alguém a diversos pontos de vista dentro da tradição islâmica.

Participar de programas formais de educação islâmica é outra via para o crescimento. Matricular-se em cursos oferecidos por universidades islâmicas, plataformas online ou instituições educacionais locais pode fornecer aprendizado estruturado e rigor acadêmico. Esses programas geralmente cobrem uma ampla gama de assuntos, incluindo estudos islâmicos avançados, religião comparada e questões contemporâneas, contribuindo para uma educação completa.

Além dos estudos religiosos tradicionais, buscar desenvolvimento pessoal e habilidades de vida é valioso. Aprender sobre liderança, comunicação e resolução de conflitos pode aumentar a capacidade de servir aos outros e contribuir para a comunidade de forma eficaz.

Integrar essas habilidades com os princípios islâmicos pode ajudar a promover relacionamentos positivos e a lidar com os desafios contemporâneos.

Engajar-se com a comunidade muçulmana mais ampla por meio de trabalho voluntário e projetos de serviço oferece experiência prática e crescimento pessoal. Contribuir para iniciativas de caridade, participar de atividades de extensão comunitária e apoiar causas de justiça social alinham-se com os valores islâmicos e fornecem oportunidades para causar um impacto significativo.

Manter práticas espirituais e autorreflexão é crucial para o crescimento contínuo. Oração regular, meditação e reflexão sobre as próprias ações e intenções ajudam a avaliar o progresso e a abordar áreas para melhoria. Buscar feedback de mentores ou guias espirituais também pode fornecer insights e direção valiosos.

Manter-se informado sobre questões e desafios contemporâneos dentro do mundo muçulmano e além ajuda a aplicar os ensinamentos islâmicos aos contextos atuais. Engajar-se com eventos atuais, entender a dinâmica sociopolítica e explorar como os princípios islâmicos podem abordar questões modernas contribui para uma prática de fé mais informada e relevante.

Abraçar a diversidade dentro da tradição islâmica também é importante. Aprender com diferentes escolas de pensamento, práticas culturais e interpretações amplia a perspectiva e promove uma abordagem mais inclusiva à fé. Interagir com muçulmanos de várias origens e tradições pode enriquecer a compreensão e apreciação da comunidade muçulmana global.

Em resumo, educação continuada e crescimento envolvem uma abordagem multifacetada que inclui estudo regular de textos islâmicos, expansão do conhecimento por meio da literatura e educação formal, desenvolvimento de habilidades pessoais e de vida, engajamento em serviço comunitário e manutenção de práticas espirituais. Ao seguir esses caminhos, os indivíduos podem aprofundar sua fé, aumentar sua compreensão do islamismo e contribuir positivamente tanto para seu desenvolvimento pessoal quanto para a comunidade em geral.

Pessoas famosas que se converteram ao islamismo

Ao longo da história, muitos indivíduos notáveis de vários campos abraçaram o islamismo, trazendo suas diversas origens e experiências para sua nova fé. Suas conversões frequentemente refletem jornadas pessoais de descoberta e transformação espiritual, e eles contribuíram significativamente para o mundo muçulmano e além. Aqui estão algumas figuras proeminentes que se converteram ao islamismo:

Uma das figuras mais conhecidas é Malcolm X, nascido Malcolm Little. Sua conversão ao islamismo e sua subsequente peregrinação a Meca foram momentos cruciais em sua vida. A jornada de Malcolm X de uma vida de crime para se tornar um proeminente líder dos direitos civis e ministro muçulmano é um testemunho do poder transformador da fé. Sua autobiografia e discursos continuam a inspirar muitos com sua mensagem de justiça racial, redenção pessoal e despertar espiritual.

Outro notável convertido é Muhammad Ali, o lendário boxeador conhecido por suas conquistas nos esportes e sua postura franca em questões sociais. A conversão de Ali ao islamismo na década de 1960 foi um evento significativo em sua vida, marcando uma mudança de sua identidade anterior como Cassius Clay. Sua adoção pública do islamismo e sua defesa de várias causas sociais ajudaram a elevar a visibilidade dos muçulmanos na América e trouxeram atenção para questões de raça e religião.

Cat Stevens, agora conhecido como Yusuf Islam, é um músico britânico que se converteu ao islamismo na década de 1970. Sua carreira musical, marcada por sucessos como "Wild World" e "Peace Train", lhe rendeu fama internacional. Após sua conversão, Yusuf Islam se afastou da indústria musical para se concentrar em educação, filantropia e sua nova fé. Suas contribuições para causas beneficentes e seus esforços para promover o diálogo inter-religioso refletem seu comprometimento com os valores islâmicos.

Outra figura proeminente é Linda Sarsour, uma ativista palestino-americana e defensora da justiça social. Conhecida por seu trabalho na organização e liderança de movimentos como a Marcha das Mulheres, o ativismo de Sarsour está profundamente enraizado em sua fé muçulmana. Seus esforços para abordar questões como injustiça racial, igualdade de gênero e direitos dos imigrantes fizeram dela uma voz proeminente na política americana e na defesa social.

No reino da literatura e da academia, o falecido Muhammad Asad, nascido originalmente Leopold Weiss, se destaca. Asad era um judeu convertido ao islamismo que se tornou um respeitado estudioso e escritor. Suas obras, incluindo "The Road to Mecca" e "The Message of the Qur'an", fizeram contribuições significativas ao pensamento islâmico e à compreensão do islamismo no mundo ocidental. Sua jornada de jornalista a estudioso islâmico ilustra o profundo impacto que a conversão pode ter na vida intelectual e espiritual.

Esses indivíduos, entre muitos outros, demonstram os diversos caminhos que levam à adoção do islamismo e o amplo impacto que suas conversões tiveram em suas vidas pessoais e no mundo em geral. Suas histórias refletem como a fé pode inspirar transformação e levar indivíduos a fazer contribuições significativas em vários campos, desde justiça social e ativismo até esportes e artes.

Conclusão

A jornada de conversão ao islamismo é uma experiência profundamente pessoal e transformadora, marcada por um profundo comprometimento em abraçar novas crenças, práticas e um modo de vida. Essa jornada envolve não apenas um despertar espiritual, mas também um processo contínuo de aprendizado, crescimento e adaptação. Desde a compreensão dos princípios básicos do islamismo e o envolvimento com seus rituais e práticas até a navegação pelos desafios de viver em um ambiente não muçulmano e lidar com a oposição, cada passo é um testemunto da dedicação e fé de alguém.

Abraçar o islamismo requer um profundo engajamento com seus ensinamentos, incluindo o Alcorão e o Hadith, e um comprometimento com o desenvolvimento pessoal e espiritual. Envolve reconhecer a importância dos Cinco Pilares do Islã — fé, oração, jejum, caridade e peregrinação — como centrais para a prática e compreensão da religião. Por meio desses pilares, os convertidos encontram um caminho estruturado para a adoração e conexão com Deus.

Além disso, o processo de conversão ao islamismo frequentemente envolve lidar com desafios externos, como oposição da família ou da sociedade, e lutas internas, incluindo dúvidas e perguntas. Lidar com esses desafios com paciência, resiliência e uma abordagem ponderada ajuda a fortalecer a fé e a determinação. Engajar-se em educação contínua, manter práticas espirituais e buscar apoio da comunidade muçulmana são cruciais para superar esses obstáculos e garantir uma jornada de fé gratificante e resiliente.

As experiências de notáveis convertidos ao islamismo destacam as diversas origens e transformações pessoais que vêm com a adoção da fé. Essas histórias servem como inspiração e demonstram o profundo impacto que a conversão pode ter na vida de um indivíduo e sua capacidade de contribuir significativamente para vários campos e comunidades.

Concluindo, a jornada de conversão ao islamismo é uma experiência pessoal e comunitária. É um caminho de fé, crescimento e comprometimento que requer dedicação, reflexão e engajamento ativo com os ensinamentos do islamismo. Por meio da perseverança e do aprendizado contínuo, os convertidos podem navegar pelos desafios, abraçar a fé completamente e contribuir positivamente para suas vidas pessoais e para a comunidade muçulmana mais ampla.